国学概论选粹

國學概論

民国二十一年（1932）
神州国光社排印本

杜泽逊 主编

青岛出版集团
青岛出版社

《国学概论选粹》序言

◎杜泽逊

所谓“国学”，即一国之传统学问。中国之所以为中国，在于中国有本国之独特学问。其学问博大精深，主流为经、史、子、集四部，旁支则释、道二家之学，其根基则中国语言文字之学。总结中国固有之学问，模式甚多，清代乾隆修《四库全书总目》二百卷，张之洞誉为“良师”，至今奉为门径。近世有概论之学，分章分节，构建体系，于是有“国学概论”之作，其书甚多，尤以二十世纪二三十年代为盛。其专门机构则清华大学国学研究院、北京大学研究所国学门、无锡国学专修学校、章太炎苏州国学讲习会，皆其显耀者。二十世纪八十年代，国家改革开放，引进西方科学技术、文化教育、生活习俗，倾心者甚至主张全盘西化，而我国固有之学问激发而起，迎来“国学热”。揆文化发展之理，凡一国开放之世，则本国固有之学问必强势而兴，内外交汇激荡，而文化得以进步，故西学、国学皆新文化建设之基础，不可偏废。然则，学习国学实非守旧，乃开新之津要，民族自信之源泉也。青岛出版社吴清波学长有感于斯，邀余择取国学概论之精且易读者重印以飨同好，因约李君振聚讨论而甄选之，本辑计六种：洪北平《国学研究法》、王易《国学概论》、马瀛《国学概论》、陶庸生《国学概要》、曹聚仁《国故学大纲》、甘鹏云《经学源流考》，先行付印，李君略作解题，以为导读。佳者尚夥，宜次第刊传之。

2022年5月16日

于山东大学文学院

《国学概论》

王易　著

民国二十一年（1932）
神州国光社排印本

王易，原名朝琮，字晓湘，号简庵，江西南昌人。清光绪十五年（1889）生。幼承庭训，性好文史，随宦中州。民国元年（1912）自京师大学堂毕业，曾任教于心远大学、北京高等师范学校、复旦大学、中正大学等校。民国十七年得挚友胡先骕推荐，受聘于南京东南大学，教授修辞学、乐府、稼轩词，与黄侃、汪东、汪辟疆、柳诒徵、王伯沆、胡小石合称“江南七彦”。一九四九年举家迁长沙，后被湖南文史馆聘为馆员，不久病逝。王易博闻多识，雅好书法，工诗善刻，精研历数，又擅音乐，著述甚富，有《修辞学通诠》《词曲史》《乐府通论》等。

本书封面为黄侃题签云“国学概论，简庵先生令署，壬申夏五月，黄侃”。卷端题“南昌王易晓湘述”。《国学概论》为首为《导言》，余分四编，每编统括四章，首章为概说，余为四章为分论。第一编《经学》，第一章《六艺概说》，第二章《汉晋经学》，第三章《唐宋经学》，第四章《清代经学》；第二编《小学》，第一章《小学概说》、第二章《六书》，第三章《音韵》，第四章《训诂》；第三编《哲学》，第一章《周秦诸子》，第二章《魏晋玄学》，第三章《宋明理学》，第四章《晚近思潮》；第四编《史学》，第一章《史学概说》，第二章《历代正史》，第三章《诸类杂史》，第四章《史之义例》。后有民国二十年十二月汪东《国学概论跋》云：

晓湘先生讲学南都，勤心纂述，所为国学概论，编香历时四载乃成，可以知其劳矣。观其檃栝众说，时下己意，谅非墨守旧闻者所可比拟。自言“治国学者当明四端：一曰辨真伪，二曰知重轻，三曰明地理，四曰通人情。”先生信克践之！顾其出小学于经类，退文集而不言，颇与目录家异，殆为讲说方便计乎？学者果能问涂于是，进窥群籍，其所诣宁有涯际！是则先生此编，谓为佗日国故昌明之嚆矢，亦无不可。中华民国二十年十二月吴汪东谨记。

《国学概论》一书架构，总纲为经学、小学、哲学、史学，哲学约同于子部之学，而不言文学，与当时言国学者动辄以经、史、子、集分区者不同，“顾其出小学于经类，退文集而不言，颇与目录家异”（汪东《国学概论跋》）。而别裁出小学独立一门，认为小学不是经学之附庸，而是治学之锁钥。掌握好经学、小学、哲学、史学然后再治文学，则建瓴而下，无往不利。王易在《导言》中明言：“凡此四区，悉属质学。至若文艺词翰，作者过众，灏瀚曼衍，叙次为烦。况内实外华，非可苟得；由学窥文，无待毛举。果其读书得有门径，则用治文学，游刃有余。故兹编不述文学，非轻之也，举学之质，文自可见也。”这种观念，对今天的文学研究而言仍是有启发的。

國學概論

簡庵先生令署

壬申夏五月 黃侃

·国学概论·

神州国光社
一九三二年版

國學概論

王易著

神州國光社刊

·国学概论·

神州国光社

一九三二年版

國學概論目次

·国学概论·
神州国光社
一九三二年版

第三編 哲學

第四編 史學

·国学概论·

神州国光社
一九三二年版

國學概論

導言

南昌王　易曉湘述

世界學術文化之興，其皆有所朕乎！太古之時，人獸雜處，競存救死，方且不暇，學術無由生，文化無自成也。生活稍進，人事漸繁；羣體日恢，爭競益烈。有聖智者出，作爲萬有之方術，以足生活，以理人事，以安羣而泯爭。於是器用備焉，理智發焉，社會國家之雛形具焉，道德政法之胚胎生焉。積久而事習，羣大而化廣，又各據其環境之殊而異其因應之術，基其習性之別而分其思想之途。故等是生民而種族之文化不同也；同一種族，而時代之變遷不類也。明乎此，而後可與論學。

學術者，文化之結晶也。芸芸之衆，作息自得，不足以云學術也；必待理智之發達既盛，社會之組合既成，而後學術可得而言。歷史進化之公例然也。故民族史之時期

·国学概论·
神州国光社
一九三二年版

每遠過於學術史，徵諸東西各國，無或異焉。今人溯世界文化之大源，太率知有四大宗：其在西方，則爲希臘與猶太；在東方，則印度與中國是已。是四宗者各有其發達之因，各成其結集之果，要其循序而進，匯流而大，則一致也。

今專言中國：中國皇古邈遠，莫得而述矣；有文字興而學之萌蘖始兆。蓋陳跡託於是而不至澌滅，然後人類之生命始得延長，而進化之步伐始得繼繩。然中國者，四千餘年之古國，而其人又華夷雜糅之民族也。理智不出一途，學術自難概舉。西人嘗號之曰『亞東之謎，』蓋亦感其董理之不易耳。

雖然，中國之文化大率漢族之文化也。有書籍可據，有金石可蒐。文雖代變，而義則可索而知；民雖混居，而化則可同而合。稽之史乘：自黃帝以來，漢族之勢力日展，蓋已由黃河流域而擴及於長江流域；他族則日就萎薾於荒陬絕徼之間而已。故自唐虞以迄於秦漢，漢族生存，不假他助；老孔諸子，鋒起競翔。學術之演進，若朝霞之擁旭日也！自漢末佛法東來，番僧迻譯經論，奘窺大之，性相空有之論，超老邁孔，似外入者竟奪主矣；然世法之施，仍舍儒莫屬，而大乘之教，則自東而昌。則以漢族自發力强而智慧優越也。自唐迄淸，迭蒙夷禍，契丹，女眞，蒙，滿，勢力相繼侵入。民族氣質雖稍遷流，而性理攷據詞章之學代盛，固猶是漢族之故物，異族之同化於我，事彰彰也。故泛夫學海之航，似灝遠迷其途向，而徵諸史簡之跡，則百慮終於同歸。是難理者又未必不可以易之也。

洎於今日，海禁大開，航轍交錯，文字互通。西方科哲藝術，泛濫漸漬，其影響至鉅，其震撼至烈。幾使國人自疑僻陋，下比苗蠻，思欲盡掃固有，飽飫新知。然守舊之士，則竊竊以國粹喪亡爲患，杞憂不已，敝帚自珍。論固各持，理亦兩失。夫物之存亡視其質；質苟粹也，必不終滅；如其不然，雖守何濟？故爲自菲之論者固昧其本，而以亡古爲憂者亦病過迂。誠能就事理之眞形，作忠實之硏究，别粗取精，闕疑愼信，則有用之學，自脫穎而益章；無稽之談，亦不攻而自破。此今日學者所當服持者也！

今人恆言：『今後世界文化，必東西握手所得之文化也。』所謂東方文化者，舍

·国学概论·
神州国光社
一九三二年版

印度與中國誰屬？而能匯二者而形成東方之特色者，則惟中國耳。近人梁漱溟論東西文化析爲三派：西方進取，印度退守，中國則且進且守，而異日必有甚盛之一日。此其言雖近執一，然徵諸進化之跡，不盡誣也。世宙之演進，固賴進取，然艱阻隨在有之。譬諸行軍，進不知守，則或時而撓；守不知進，則終歸於敝。必也以進爲的，以守爲權，而後利集而害去。此中國之道，不利於物競劇烈之時，而足爲互助安輯之用，且終以翼成世界大同之治者也。

聞者疑吾言乎？則盍觀夫英人韋爾斯之論中國人，曰：『中國人之心，若有相當之刺激，何嘗不多才多藝如歐人！』（世界史綱第三十章）又斥歐人永操世界霸權之謬想，而未察亞人之平均智力初未略遜於歐人，且與歐人同其勇武奮厲寬大而富於犧牲精神，而有堅强之團結力。並推測中國可進與重歸和好之歐洲，共肩世界之平和。（同書第三十八章）則外人之視我，固已反鄙夷而爲期許；我之自誓，亦當加奮厲以謀光昌。則國學之研求又烏容已邪！

然國學之範圍廣矣，品質雜矣，涉獵審辨之難，使人目眩，而其間孰本孰末，孰眞孰僞，孰有用孰無用，則尤不易明。況値西學匯流之日，學術之海漫無津涯。學者欲幷究之，時力均有不及。是不得不擇要論列，藉識大凡，以資學者深造之基。籀其內含，計區四部：

古者學主於官，官守其書。仲尼述古，約爲六藝，删其煩雜，著以爲經，大義微言，垂世立敎。秦火燔滅，漢復稍出。闕文異說，學者眩焉。今文諸儒，墨守師說；古文學起，爭鬨特甚。然國以經術取士，士以經術階進，學可致用，風氣益張。大師衆多，敎澤宏溥，並有發明，是爲極盛。後儒各持一端，乖戾分爭，或出僞籍，淆亂聖言；漢學中衰，臆解紛起。底於六朝，南北分途；諸儒守缺，倡爲義疏。唐人繼之，漢儒章句訓詁之學，因以不墜。宋代變古疑經，別矜新義，本實先撥，積衰遂成。清學初兼漢宋，及惠戴諸儒出，盡棄宋詮，獨標漢幟，家法專門，純潔精一，蒐遺發蒙，所造至偉。統陳流變，用識盛衰，述經學第一。

周官保氏施敎，先以六書。治官察民，是賴文字。學者昧此，不足讀書。故漢制：學僮

·国学概论·
神州国光社
一九三二年版

試字九千，兼以六體。字書迭出，訓讀漸明。唐人義疏，重倚小學。清儒融會，斯道乃昌。析其內容，爲形音義。許君說文，略存古籀，結體既明，推及聲訓。南唐二徐，衍其傳；清代段氏集其大。降及晚近，西周鼎彝，殷墟甲骨，尤發古芳。是爲字形之學。李登聲類，始識五聲；法言切韻，遂開韻部。李唐而後，梵母東流，學說愈明，專家益衆。是爲字音之學。爾雅專明義訓；釋名衍及音聲。漢唐注疏，滂沛縷析。既明通假，可達古今。清儒詁經，名家輩出，操觚酌古，左右逢源。是爲字義之學。略明綱領，用備索途，述小學第二。

周道既微，處士橫議，九流競作，各挾所長，乘世糾紛，馳說取合。儒主仁義，道法自然，墨倡兼愛，法任刑賞，名覈名實，陰陽明消息，縱橫競短長，農重民生，雜羅衆議，言雖殊途，皆務爲治。漢代崇儒，百家破碎。魏晉諸子，獨扇玄風。六朝迄唐，佛法寖盛。宋明儒學，研求心性，時參禪理，遂造精微。近世西哲學說闌入，國人思想波動匪輕。世運推移，一日千里！指示遷流，用明得失，述哲學第三。

史源於經，掌諸太史。馬班鉅子，乃擅三長；繼世朋興，奉爲正則。衰時媚主，載筆多誣。或競辭華，或侈文飾；信史直筆，乃出私家。涑水，紫陽，編年有法；君卿，貴與，政典是彰。餘或廣志方輿，網羅散佚，標示義例，旁及校讎。非徒玩文，並足經世。約其派別，用便紬繹，述史學第四。

凡此四區，悉屬質學。至若文藝詞翰，作者過衆，灝瀚曼衍，敘次爲煩。況內實外華，非可苟得；由學窺文，無待毛舉。果其讀書得有門徑，則用治文學，遊刃有餘。故茲編不述文學，非輕之也，舉學之質，文自可見也。

又若兵家數術方技之學，別著專門，約言無當，非子政所校定，異經世之常訓。況世移代易，其效屢遷，以視今日西方軍備，推步醫藥之科，瞠乎落後。吾人力學致用爲期。陳跡所存，幾成土飯。故茲編不述諸學，非遺之也，語焉不詳，詳亦無用也。

夫爲學貴夫識體，而致力務在知方。上述四區，國學之體也；苟不知方，則猶泛舟而昧於帆柁之施，解牛而迷其肯綮所在矣。故治國學者當明四端：

一曰辨眞僞：事理與學，皆有眞僞，唯有識者辨之。世傳女媧補天，后羿射日，姜嫄

·国学概论·
神州国光社
一九三二年版

履武，黃帝乘龍，民智茫昧時之僞事也；天圓地方，地靜日動，雀入水化，兔以吐生，科學未明時之僞理也。事理之僞，及今無慮其混眞；學之僞則歷世而彌難於辨。古皇三墳，葛天八闋，書契未立，文何由成？其僞無論矣。如尙書復有古文，周官託爲古制，內經周髀，全出假名；莊子，韓非，半經點竄；龍門史記，偶雜褚書；竹書紀年，別由晉造。使忽於辨識，則正覺何由？是在審酌於文字人情之閒，稽攷夫名物制度之細，則涇渭可分，迷途未遠！

二曰知重輕：學問汜濫，豈盡適時，欲免徒勞，當知權劑。昔漢人說五字之文，至於二三萬言，碎義便辭，終以自蔽，此不知重輕之患也。夫前人遺物，後人寶之，雖在隱微，亦勤搜討，固其宜矣。然生居今世，知也無涯，日力易窮，恐遺遠大。是不得不挈其綱領，別其緩急。庶事半功倍，不勞擿埴，探賾索隱，讓之專家。如周制明堂，徒爭尺寸；毛詩物類，更辨雌雄；傳人則碎采無稽之瑣聞，志地則詳究已亡之物產；苟日力有裕，猶不妨旁徵曲引，以助談資；否則措重舉輕，反失要領。

三曰明地理：學術之源，各有所託，地理關係，至切且深。中國上古文明起自北部，典章文物，緣是以生。中古而後，漸推及南，風氣亦變。如井田之制，利於平原，而藪澤之區不適；魚鹽之利，盛於潟鹵而膏腴之壤匪宜。北方政治具備，則孔孟禮樂仁義之教昌；南方民智恢奇，而老莊虛無清靜之說起。北魏酈注水經，於南多誤；南宋鄭氏通志，於北未眞。地隔則情有所睽；知昧則斷有所蔽。故吾人研求國學，首宜熟知地輿。固不獨紙上談兵，侈陳阨塞，卷中攬勝，藉利遊觀已也。

四曰通人情：人情之變遷，多繫於時會之演進。上古國土分立，君權未張；及周而封建完成，及秦而郡縣改設。兩漢以後，君位益尊，影響所及，觀察各殊。如堯舜克讓溫恭，出乎自然，而見於異代則爲聖德；始皇統一專制，號爲暴主，而擬之世君則亦數見。三代侯伯儼爲君主，而漢隋割據自雄之輩著稱；六朝更迭有若弈棋，而蜀魏正統偏安之爭未已。他如學術思想各有背景，研治者不可不明。如縱橫遊說，不適於一統之局，而西漢詩賦反以盛行；釋老哲學，非果爲邪說之尤，而昌黎原道必須痛闢。若非觀察周密，洞達人情，則以此例彼，必多齟齬。

本是四端，以窺四部，有脊有倫，不中不遠。若夫知類通達，致遠鉤深，博極羣書，自成家法，非此堪勝，以待賢者！

·国学概论·
神州国光社
一九三二年版

第一編 經學

·国学概论·

神州国光社
一九三二年版

第一章 六藝概說

六藝者，孔氏之六經也。古以禮樂射御書數爲六藝，乃周官保氏之敎科，與孔氏之經異物而同名。自孔子述易書詩禮樂春秋，亦有六藝之目，史記孔子世家所謂『孔子以詩書禮樂敎弟子，蓋三千焉，身通六藝者七十有二人』是也。漢時以樂經廢於秦火不復傳，武帝乃置五經博士。劉向校經傳詩賦諸子，其子歆奏七略，於經傳則有六藝略。曰經曰藝，其名歧者，舉其學曰藝，奉其書曰經也。至經之得名究始何時，經之始作究出誰手，古今聚訟，迄無一是。今先攷經之得名。

孔子以前無經名。而百家之書有稱經者，如黃帝內經，周髀算經，神農本草經等，大率百家自崇其術而託之古聖焉耳。至孔氏六藝之稱經見於著錄者則有禮記經解篇，紀孔子之言曰：『入其國，其敎可知也。其爲人也溫柔敦厚，詩敎也；疏通知遠，書敎也；廣博易良，樂敎也；潔凈精微，易敎也；恭儉莊敬，禮敎也；屬辭比事，春秋敎也。』似

·国学概论·
神州国光社
一九三二年版

孔子自舉六經，然禮記出孔門弟子，雖篇名經解，而孔子未明言經。又莊子天運篇：『孔子謂老聃曰丘治詩書禮樂易春秋六經』似孔子始明言經，然莊周多寓言，載孔子事常出假託，未爲的據。又六經之外，孝經亦稱經。孝經緯鉤命訣載孔子語：『吾志在春秋，行在孝經』又曰：『春秋屬商，孝經屬參』春秋緯載孔子語：『吾作孝經，以素王無爵之賞，斧鉞之誅，故稱明王之道。』似孔子自名其書爲孝經，然緯候之書僞起哀平，事多離奇，未足爲信，而語氣亦不倫類，皆未可爲孔子時有經名之證。

至孔子以後，百家之書有以經名者，如墨子有經上下，經說，而莊子天下云：『苦獲已齒鄧陵之屬皆誦墨經，』韓非爲內儲，外儲，先次凡目，亦揭經名，則皆有綱領經緯之義。他如李悝法經則法令之屬，義取經綸；山海經則地理之書，意同經界；（章學誠說）又與自崇其術者又別。老子二篇，劉班著錄初不稱經，隋志乃依阮錄稱老子經；屈原離騷，劉班亦並九歌之屬列爲屈原賦，及王逸作註，而離騷已有經名。至唐重玄教，而稱老子爲道德眞經，莊爲南華眞經，列爲沖虛眞經，則事同尊號，又不足論矣。

六藝之稱經，蓋出於孔門弟子。當夫子既歿，微言將絕，初乃稱述夫子傳授之口說以爲傳，繼遂尊奉夫子所手定之六藝以爲經。如荀子所謂『夫學始於誦經，終於習禮，』莊子所謂『繙十二經以見老子，』皆此類也。後更並聖門箸述之足以翼經者皆列爲經：如論語，孝經，戴記，皆門人述夫子之言行；左氏，公羊，穀梁，皆以釋春秋；爾雅爲羣經之訓詁，則又推廣其義而稱之也。自後有七經，九經，十三經之稱，而淸段玉裁獨有增列大戴禮，國語，史記，漢書，資治通鑑，說文解字，周髀算經，九章算術八家爲二十一經之議，則又經名蔓衍之極矣。

至經字之義，前人釋者亦不一。漢儒訓經爲『常，』謂其道不可易也。如鄭注孝經序曰：『孝經者三才之經緯，五行之綱紀；孝爲百行之首，經者不易之稱。』是經者尊稱，非作自聖人不足以當之也。至章炳麟則謂『經者竹簡成書，編絲綴屬之稱。』是經者共名，不待出諸聖人而皆可竊取也。是二說者輕重懸殊。惟章學誠則曰：『六經初不爲尊稱，義取經綸爲世法耳；』又曰：『儒者箸書始嚴經名，不敢觸犯，則尊聖

·国学概论·
神州国光社
一九三二年版

教而愼避嫌名，蓋猶三代以後非人主不得稱我爲朕也。』斯言得之！

六經之作者爲誰？近人於此凡有二說：一則謂孔子以前已有六藝；一則謂六藝卽孔子之著作也。如章學誠曰：『六經皆史也。』『六藝非孔氏之書，乃周官之舊典也。』『六經皆器也。易之爲書所以開物成務，掌於春官太卜，則固有官守而列於掌故矣，書在外史，詩領太師，禮自宗伯，樂有司成，春秋各有國史，三代以前詩書六藝未嘗不以教人。』龔自珍曰：『仲尼未生，先有六經；仲尼既生，自明不作。仲尼曷嘗率弟子使筆其言以自制一經哉？』章炳麟曰：『六經者本官書，復得經名。』此前說也。廖平曰：『孔子初年問禮，有從周之言，是尊王命畏大人之意也；至於晚年，哀道不行，不得假手自行其意以挽弊補偏，於是以心所欲爲者書之王制，寓之春秋。』皮錫瑞曰：『孔子以前不得有經，』『孔子有帝王之德而無帝王之位，晚年知道不行，退而刪定六經以教萬世，』『必以經爲孔子作，始可以言經學；必知孔子作經以教萬世之旨，始可以言經學。』此後說也。諸家所主，各有根據，然皆各舉一端。今但證之史記孔子世家曰：

「孔子之時，周室微而禮樂廢，詩書缺。追迹三代之禮，序書傳，上紀唐虞之際，下至秦繆，編次其事。曰：「夏禮吾能言之，杞不足徵也；殷禮吾能言之，宋不足徵也。足則吾能徵之矣。」觀殷夏所損益曰：「後雖百世可知也。」以一文一質，「周監二代，郁郁乎文哉，吾從周。」故書傳禮記自孔氏。孔子語魯太師：「樂其可知也：始作翕如，縱之純如，皦如，繹如也以成。」「吾自衞反魯，然後樂正，雅頌各得其所。」古者詩三千餘篇；及至孔子去其重，取可施於禮義，上采契后稷，中述殷周之盛，至幽厲之缺，始於衽席，故曰「關雎之亂」以爲風始，鹿鳴爲小雅始，文王爲大雅始，清廟爲頌始。三百五篇孔子皆絃歌之，以求合韶武雅頌之音，禮樂自此可得而述，以備王道，成「六藝」。孔子晚而喜易，序彖，繫，象，說卦，文言；讀易韋編三絕，曰「假我數年，若是我於易則彬彬矣。」孔子以詩書禮樂教弟子，蓋三千焉；身通六藝者七十有二人。」觀於此，事實可瞭然矣。至詩書禮樂之教，則孔子前亦既有之。攷戴記王制所云及文獻通攷應氏所釋，益可參證。

·国学概论·
神州国光社
一九三二年版

王制曰：『樂正崇四術，立四教，順先王詩書禮樂以造士；春秋教以禮樂，冬夏教以詩書。』應鏞曰：『樂正崇四術以訓士，則先王之詩書禮樂，其設教固已久。易雖用於卜筮，而精微之理非初學所可語；春秋雖公其記載，而策書亦非民衆所得盡窺。故易象春秋，韓宣子適魯始得見之。則諸國之教未必盡備六者；蓋自夫子刪定讚修筆削之餘，而後傳習滋廣，經術流行。』是六藝之源，皆出孔子以前，然非得孔子手定則其義不立，其書不傳。故謂經卽孔子所作，固混源流；而謂孔子絕未作經，亦太抹摋。其詳當待分論，今先述六藝之性質與功能。

六藝之性質既見於戴記經解中，而莊子天下篇敍道術之在於詩書禮樂者：『詩以道志，書以道事，禮以道行，樂以道和，易以道陰陽，春秋以道名分。』與孔子所謂『六藝於治一也，禮以節人，樂以發和，書以道事，詩以達意，易以神化，春秋以道義，』意不相舛。及史遷更推衍之曰：『易著天地陰陽四時五行，故長於變；禮經紀人倫，故長於行；書記先王之事，故長於政；詩記山川谿谷禽獸草木牝牡雌雄，故長於風；樂樂所以立，故長於和；春秋辯是非，故長於治人。』而班固更以五德歸納之曰：『樂以和神，仁之表也；詩以正言，義之用也；禮以明體，明者著見，故無訓也；書以廣聽，知之術也；春秋以斷事，信之符也；五者蓋五常之道相須而備，而易爲之原。』諸說雖小有出入，然所述六藝之性質與功能，大致皆不相遠。以下更分述六經之梗概。

一曰易——易本於卦，卦原於河洛。易繫辭云：『河出圖，洛出書，聖人則之。』故先儒悉謂『伏羲得河圖而作易。』伏羲雖得河圖，猶須仰觀俯察以相參正，然後畫卦。故繫辭云：『包羲氏之王天下也，仰則觀象於天，俯則觀法於地，觀鳥獸之文與地之宜，近取諸身，遠取諸物，於是始作八卦，以通神明之德，以類萬物之情。』八卦者物象之本也。故又云：『八卦成列，象在其中矣。』僅具其象而未備其變，不足以成易也，遂重之而爲六十四卦，卦各六爻遂有三百八十四爻，故又云：『因而重之，爻在其中矣。』卦爻具而易生矣。

重卦之人爲誰？先儒凡有四說：王弼以爲伏羲，鄭玄以爲神農，孫盛以爲夏禹，史

·国学概论·
神州国光社
一九三二年版

遷以爲文王。按周禮：『太卜掌三易之法：一曰連山，二曰歸藏，三曰周易。其經卦皆八，其別皆六十有四。』後世釋之者各異其說。杜子春云：『連山伏羲，歸藏黃帝。』此伏羲重卦之說所由出也。世譜云：『神農一曰連山氏，亦曰列山氏，黃帝一曰歸藏氏。』此神農重卦之說所由出也。鄭玄易贊及易論云：『夏曰連山，殷曰歸藏，周曰周易。』此夏禹重卦之說所由出也。繫辭云：『易之興也，其於中古乎？作易者其有憂患乎？』又曰：『易之興也，其當殷之末世，周之盛德邪？當文王與紂之事邪？』此文王重卦之說所由出也。今按前三說皆緣周禮三易之說推究而得；然周禮晚出，西漢今文學者多不置信，史遷且未見其書，故不蒙其說而獨指文王重卦。班固藝文志亦沿遷說而曰：『紂在上位，逆天暴物，文王以諸侯順命而行道，天人之占可得而效，於是重易六爻作上下篇』；及王鄭之徒皆信古文，而斷文王以前卽已重卦。孔穎達且謂：『王輔嗣以伏羲旣畫八卦卽自重爲六十四卦，爲得其實』。朱熹亦謂：『周禮言「三易經卦皆八，其別皆六十有四，」便見不是文王漸畫』矣。

至周易繫辭亦有二說：一，卦爻辭並爲文王所作，卽易繫所謂『興於中古，』史遷所指『囚而演易，』鄭學之徒並依此說。二，爻辭多文王以後事，如升六四王用亨於岐山明夷六五箕子之明夷等且左傳韓宣子適魯見易象云：『吾乃今知周公之德，』由是而推，謂卦辭文王作，爻辭周公作，馬融陸績等並同此說。故陸德明云：『文王拘於羑里作卦辭；周公作爻辭；孔子作彖辭，象辭，文言，繫辭，說卦，序卦，雜卦十翼。班固曰：「孔子晚而好易，讀之韋編三絕而爲之傳，」傳卽十翼也。』自是談易者並循之無異議。惟清代今文學盛行，多疑古學，並疑馬鄭，遂多創說，如皮錫瑞謂：『史記周本紀不言文王作卦辭，魯世家不言周公作爻辭，則卦辭爻辭亦必是孔子所作。』又謂『易之繫辭卽卦爻辭，今之繫辭乃繫辭傳，蓋商瞿諸人所作。』其言良辯。然信如是說，則孔子以前，易僅有六十四卦，史記所謂讀易韋編三絕者，其所讀何物邪？

易之義，先儒不一其說，惟鄭孔二家爲最賅。鄭玄易贊及易論曰：『易一名而含三義：易簡一也，變易二也，不易三也。』釋之者云：『易者謂生生之德有易簡之義；不易者言天地定位不可相易；變易者謂生生之道變而相續。』孔穎達云：『易者變化之總名，改換之殊稱。自天地開闢，陰陽運行，寒暑迭來，日月更出，孚萌庶類，亭毒羣品，新新不停，生生相續，莫非資變化之力，換代之功。然變化運行，在陰陽二氣。故聖人初畫八卦，設剛柔兩畫，象二氣也；布以三位，象三才也。謂之爲易，取變化之義。』宋儒言易者多渾括，惟朱熹爲最明，其言曰：『聖人作易之初，蓋是仰觀俯察，見得盈乎天地之間，無非一陰一陽之理。有是理則有是象，有是象則其數便自在這裏。非特河圖洛書爲然，而圖書爲特巧而著耳。於是聖人因之而畫卦，卦畫既立，便有吉凶在裏。蓋是陰陽往來交錯於其間，其時則有消長之不同；長者便爲主；消者便爲客。事則有當否之或異，當者便爲善；否者便爲惡。卽其主客善惡之辨，而吉凶見矣。故曰「八卦定吉凶」。吉凶既決定而不差，則以之立事而大業自此生矣。』

自來以易爲卜筮之書，賴以不毀於秦火。然易居六藝之首，義蘊精博，孔子有『學易可無大過』之期，讀之至於韋編三絕，豈限於卜筮之用者，可得其傾倒如此邪？

·国学概论·
神州国光社
一九三二年版

易傳所謂『易有聖人之道四』，則用於卜筮僅一端耳；言，動，制器亦有資於易。故易之蘊不僅限於卦爻，而義理尙已。程頤曰：『有理而後有象，有象而後有數，得其義而象數在其中矣』。雖然，易固掌諸太卜，吉凶悔吝明示人以從違，卽象示徵，卽徵求義，不能離卦爻而索義理也。故朱熹曰：『卦爻之辭，本爲卜筮者斷吉凶而因以訓戒；至彖象文言之說，始因其吉凶訓戒之意而推說其義理以明之。』蓋卽史遷所謂『易本隱以之顯』也。

卦爻之義，王弼論之頗詳，其略曰：『夫卦者時也；爻者適時之變者也。時有否泰，故用有行藏；卦有大小，故辭有險易。』王通亦曰：『卦也者著天下之時也；爻也者傚天下之動也。趨時有六動焉，吉凶悔吝所以不同也。』

彖象之義，亦以王弼說爲明，曰：『凡彖者統論一卦之體者也；象者各辨一爻之義者也。』故彖象卽所以釋卦爻耳。至若易之精蘊具見於文言，繫辭，說卦；卦之序次具於序卦。茲不贅詳。

二曰書——書卽史也。隋書經籍志云：『書之所興，蓋與文字俱起。孔子觀書周室，得虞夏商周四代之典，刪其善者爲百篇。』孔穎達云：『聖賢闡敎事顯於言，言愜羣心，書而示法，因號曰書；後人見其久遠自於上世，尙者上也，言自上代以來之書，故曰尙書。』史遷云：『學者多稱五帝尙矣；然尙書獨載堯以來。』蓋堯之前非無書也，或事跡荒渺，語焉不詳，或紀載凌雜，難資法守，故孔子刪書斷自唐虞，存其實耳。

周禮『外史掌三皇五帝之書』，而左傳昭十二年『楚左史倚相能讀三墳，五典，八索，九丘』。鄭玄注周禮，卽援證之，謂『三墳五典乃書之類』，然其書若何不可攷。書緯稱『孔子得黃帝玄孫帝魁之書迄於秦穆公凡三千二百四十篇爲尙書，斷遠取近，定其可爲世法者百二十篇爲簡書』，所稱之數未必果確，要之古書繁雜，必待孔子刪定而始可誦習，則可信也。

尙書之目百篇，陸德明據孔安國尙書序所稱『典，謨，訓，誥，誓，命』六體以名篇者爲正；不以名篇而在其類者爲攝。孔穎達則別之爲十體典，謨，貢，歌，誓，誥，訓，命，征，範。

·国学概论·
神州国光社
一九三二年版

然仍有不以十體名篇者，亦分別歸入各體。惟書遭秦火亡失，漢初伏生惟傳二十九篇爲今文尚書。至武帝末，魯共王餘於孔壁中得古文尚書，孔安國以今文字讀之得多十六篇（用班固說）然其書迄未列學官，後遂湮絕。至東晉元帝時，豫章內史梅賾忽奏上孔傳古文尚書，前有安國序，謂『其書增多伏生二十五篇，伏生誤合五篇，幷書序凡五十九篇，爲四十六卷，其餘錯亂磨滅，不可復知』云。先儒對此書初不懷疑，如陸，孔等皆據以立說。至宋吳棫始疑之，曰：『安國所增多之書，皆文從字順，非若伏生之書詰曲聱牙，至有不可讀者。』朱熹曰『凡易讀者皆古文，況又是科斗書，以伏生書字文攷之方讀得。豈有數百年壁中之物，安得不訛損一字，又却是伏生記得者難讀？此尤可疑。』元吳澄作書纂言，但註今文尚書，謂『古文晉世晚出，二十五篇采輯補綴，無一字無所本，而平緩卑弱，殊不類秦漢以前之文。』自是明梅鷟，歸有光等皆續疑之。而陳第作尚書疏衍，則仍篤信古文，詆諆梅氏。至清閻若璩古文尚書疏證出，辨正古文一百二十八條，推究諸儒之疑，一一實證，斷爲僞作，其論大定。然毛奇齡作古文

·国学概论·
神州国光社
一九三二年版

尙書寃詞，猶爲之辯，謂『孔傳爲僞，古文爲眞』則又有意立異矣。

書序之作者，先儒論亦不一。馬，鄭，王肅並依緯文謂爲孔子所作；呂祖謙信之。而朱熹悉以爲非，謂『書小序不是孔子自作，只是周秦間低手人作』金履祥則謂是『齊魯諸儒次第附會而作』皆有卓見。

尙書之支學有三：一則地理之學，導自禹貢分陳九州，導山水，別土田，制貢賦，分五服，後世攷古代地理者莫不依據。至專門研究者有宋毛晃之禹貢指南，程大昌之禹貢論，傅寅之禹貢說斷，清朱鶴齡之禹貢長箋等；至胡渭之禹貢錐指出，採摭繁富，討論詳明，援古驗今，如指諸掌，遂集此學之大成。二則五行之學，導自洪範分陳九疇，首說五行，劉向本之以爲五行傳，乃取五事皇極庶徵附於五行，漢以來言五行者皆承之。至專門研究者有宋蘇洵之洪範論，胡瑗之洪範口義，趙善湘之洪範統一，明黃道周之洪範明義等，或附會禨祥，或推重皇極；亦至胡渭之洪範正論出，辨正先儒附會讖緯，僞造洛書，妄移錯簡之三病，遂盡掃以前之氛障。三則心性之學，導自大禹謨

『人心惟危，道心惟微，惟精惟一，允執厥中』四語。自董仲舒有『禹繼舜，舜繼堯，三聖相受而守一道』之語，宋儒遂抉此四語謂是堯舜禹相授之十六字心傳，而歸本於執中，遂爲後儒言理學者之宗說。

三曰詩——詩有三訓：內則云：『詩之言，承也；』春秋說題辭云：『詩之爲言，志也；』詩緯云：『詩者，持也。』其名則最初見於虞書『詩言志歌永言。』班固釋之云：『誦其言謂之詩；詠其聲謂之歌。』然其初率謳歌吟詠土鼓葦籥之類耳。及後稍傳其辭，如康衢擊壤虞賡夏諺之屬，而詩之形漸具焉。鄭玄詩譜序云：『有夏承之，篇章泯棄，邇及商王，不風不雅，』則詩之成蓋斷自周初。禮記：『天子五年一巡守，命大師陳詩以觀民風，』班固云：『古有采詩之官，王者所以觀風俗知得失自考正也，』則詩之作多出自民間。孟子謂：『王者之迹熄而詩亡，』王迹自春秋而熄，則詩之亡蓋在於東周。史遷謂：『古詩三千餘篇，孔子刪存三百五篇，』則詩之定本自孔子矣。

詩有六義，有四始，周禮：『大師教六詩，曰風，曰賦，曰比，曰興，曰雅，曰頌，』鄭氏中之云：『風者聖賢治道之遺化也；賦之言鋪，鋪陳政教善惡；比見失不敢斥言，取比類以言之；興見美嫌於媚諛，取善事以喻勸之；雅，正也，言正者以爲後世法；頌之言誦也，容也，誦德廣以美之。』此六義之說也。史遷云：『關雎之亂以爲風始；鹿鳴爲小雅始；文王爲大雅始；清廟爲頌始。』詩序云：『是以一國之事繫一人之本謂之風；言天下之事形四方之風謂之雅，—雅者正也言王政所由廢興也—政有小大，故有小雅焉，有大雅焉；頌者美盛德之形容以其成功告於神明者也：是謂四始。』孔穎達申之云：『風也，小雅也，大雅也，頌也，此四者人君行之則爲興，廢之則爲衰，是興廢之始，故謂之四始也。』此四始之說也。

風雅頌，詩之體；賦比興，詩之辭。風雅頌皆以賦比興爲之而其次序雜者，四始以風爲先，故曰風；風之初用以賦比興爲之辭，故於風之下卽次賦比興然後次以雅頌，究之雅頌亦各以賦比興爲之也。

風雅之別，詩序雖言之而未盡明。朱熹答門人之問，有腔調，體製，詞氣，時地，作者

·国学概论·
神州国光社
一九三二年版

種種之分：惟晚年作楚辭集註，論風雅頌之分，謂：『風則閭巷風土男女情思之詞；雅則燕享朝會公卿大夫之作；頌則鬼神宗廟祭祀歌舞之樂。』言最簡括。

正變之別，發於詩序：『至於王道衰，禮義廢，政教失，國異政，家殊俗，而變風變雅作矣。』鄭氏詩譜序中之曰：『文武時，風有周南召南，雅有鹿鳴文王之屬，及成王周公致太平，制禮作樂而有頌聲興焉，盛之至也。……故皆錄之，謂之詩之正經。後王稍更陵遲，懿……夷……厲……幽，政教尤衰，周室大壞，十月之交，民勞，板蕩，勃爾俱作，……故孔子錄懿王夷王時詩，訖於陳靈公淫亂之事，謂之變風變雅。』後世言詩者循之。

政有大小，故雅以是分，然大小雅之變則不盡由政事之大小而繫於樂音。孔穎達曰：『歌其大事制爲大體，述其小事制爲小體，詩體既異，樂音亦殊，有小雅大雅之聲。王政衰，變雅作，取大雅之音歌其政事之變者謂之變大雅；取小雅之音歌其政事之變者謂之變小雅。』其言最審。

·国学概论·
神州国光社
一九三二年版

詩序之作者，先儒亦不一；其說：鄭氏以爲大序子夏作，小序子夏毛公合作；韓愈則疑其爲漢儒附託；程頤則謂『大序分明是聖人作以教學者，小序則國史得書而載其事』；而朱熹謂『小序大無義理，是後人湊合而成，大序却好』；鄭樵謂『命篇大序蓋出於當時采詩太史之所題而題上之序則衞宏從謝曼卿受師說而爲之。』本後漢書衞宏傳諸說惟鄭樵較有分曉。

四曰禮——鄭玄云：『禮者體也，履也，統之於心曰體，踐而行之曰履。』上古蒙昧，禮無由生，而人心之情則與生俱，情盛而禮作矣。故左傳劉康公曰：『民受天地之中以生，所謂命也，是以有動作威儀之則。』荀卿亦曰：『禮以順人心爲本。』又曰：『禮有三本：天地者生之本也；先祖者類之本也；君師者治之本也。故禮上事天，下事地，尊先祖而隆君師。』聖人以禮爲治民立身之具，於是作爲典章，著爲儀式；儒者則循之以施教焉。孝經所謂『安上治民莫善於禮，』禮運所謂『承天之道，治人之情，』荀卿所謂『法之大分羣類之綱紀，』胥是道也。

古禮之傳於世者有三，曰儀禮，禮記，周禮。而儀禮實爲經；禮記則其傳也。至周禮則本以紀官，而非以志禮，其間所載之禮乃職掌之所及者耳。朱升說 孝經疏曰：『經禮三百，威儀三千。』禮記說曰：『正經三百，動儀三千。』禮器曰：『經禮三百，曲禮三千。』中庸曰：『禮儀三百，威儀三千。』鄭樵以爲當時制作本有二書；其三百篇者記官府職掌上下之序；其三千者皆委曲升降進退之辭。似以周禮當三百，而儀禮當三千也。朱熹曰：『禮記是解儀禮，如儀禮有冠禮，禮記便有冠義；儀禮有昏禮，禮記便有昏義；以至燕射之類，莫不皆然。』蓋以禮記爲傳也。今分說如次。

儀禮世傳爲周公制作之廑存者，然無確據。本禮自孔子時而其經已不具，及秦焚書，散亡益多，至漢獨有高堂生所傳之士禮耳。又有古禮經出於魯淹中及孔壁，河間獻王好之，合五十六篇，其中三十九篇多天子諸侯卿大夫之制，其書今不傳，惟篇名或頗見於他書耳。王應麟氏困學紀聞言之最詳 朱熹說『禮儀三百，』謂『便是儀禮中士冠諸侯冠天子冠禮之類，此是大節，有三百條。』又謂『儀禮十七篇合古經三十九篇，明堂

·国学概论·
神州国光社
一九三二年版

陰陽王史氏記數十篇，河間獻王所輯禮樂古事多至五百餘篇，儻或有逸，其初固有三百餘篇』云云，說頗兩歧。孔穎達說『威儀三千』謂『履行周官五禮之別，其事委曲條數繁廣故也，非謂篇有三千』。諸說皆可參。

禮之興也，必先簡而後繁，故曰『帝王質文，世有損益』。禮之用在別尊卑明貴賤，故曰『名位不同，禮亦異數』。而禮有本有文，聖人緣人情而制禮，依人性而作儀，皆即本以立文也。朱熹曰：『名分之守，愛敬之實，其本也；冠昏喪祭儀章度數，其文也。』鄭樵曰：『有其本而無其文，尚可以義起；有其文而無其本，則幷文俱廢矣。』雖然，文亦不可廢也，文廢則本愈撥矣。故曰『婚姻之禮廢，則淫僻之罪多；鄉飲酒之禮廢，則爭鬥之獄繁；喪祭之禮廢，則骨肉之恩薄；朝聘之禮廢，則侵陵之漸起。』王通亦曰：『冠禮廢，天下無成人矣；昏禮廢，天下無家道矣；喪禮廢，天下遺其親矣；祭禮廢，天下忘其祖矣。』此孔子之所以致論於餼羊也！

禮記之作，所以翼儀禮，或曰仲尼弟子作，或曰雜出於漢儒也。按漢后蒼受學於高堂生而授之梁人戴德及德從兄子聖。當時中書所記古禮，殆數百篇，戴德删其煩重爲八十五篇；聖又删爲四十六篇，合馬融所足月令，明堂位，樂記爲四十九篇，卽今禮記是也。孔穎達曰：『孔子歿後，七十二子之徒共撰所聞以爲此記，或錄舊禮之義，或錄變禮所由，或兼記禮履，或雜序得失，故編而錄之以爲記也。中庸是子思伋所作。緇衣公孫尼子所撰。鄭康成云：「月令呂不韋所修。」盧植云：「王制爲漢文博士所錄。」其餘衆篇皆如此例，但未能盡知所說之人。』朱熹曰：『禮記本秦漢上下諸儒解釋儀禮之書，又有他書附益於其間；今欲定作一書，先以儀禮篇目置於前，而附禮記於其後，其餘曲禮少儀又自作一項而以類相從。』其篇次略如下：（儀禮附記上篇）

士冠禮，冠義附 士昏禮，昏義附 士相見禮，鄉飲酒禮，鄉飲酒義附 鄉射禮，射義附 燕禮，燕義附 大射禮，聘禮，聘義附 公食大夫禮，覲禮，（儀禮附記下篇）喪服，喪服小記大傳服問間傳附 士喪禮，既夕禮，士虞禮，喪大記奔喪問喪曾子問檀弓附 特牲饋食禮，少牢饋食禮，有司徹，祭義祭統附 （禮記篇次）曲禮，內則，玉藻，少儀，投壺，深衣，六篇爲一類 王制，月令，祭法，三篇爲一類 文王世子，禮運，禮器，郊特牲，明堂位，大傳，樂

·国学概论·
神州国光社
一九三二年版

記，七篇爲一類經解，哀公問，仲尼燕居，孔子閒居，坊記，儒行，六篇爲一類學記，中庸，表記，緇衣，大學。五篇爲一類

朱熹又謂曲禮爲曲禮之記；內則爲古經；冠義，昏義，鄉飲酒義，射義皆漢儒所造；燕義，聘義皆邦國禮。程頤謂中庸成於子思，大學爲孔氏之遺書，皆可參證。大抵讀禮記者必兼習儀禮，惟王安石廢儀禮而獨存禮記之科，致後人有棄經任傳，遺本逐末之譏耳。

周禮於漢名周官，江左名周官禮，而周禮則唐之稱也。其書漢孝武時始出，祕而不傳；至成帝時，劉歆校理祕書，始得列序著於錄略。時儒共排斥之，獨歆以爲周公致太平之迹，於王莽時奏立博士，遂傳於世。顧後人於此爭論特甚：如臨孝存以爲末世之書，作『周禮難』；何休以爲六國陰謀；胡宏則直認爲王莽令劉歆撰；程頤，張載，金瑤則並以爲亦有漢人竄入者；而朱子則謂其『編布精密，乃周公運用天理爛熟之書』，又謂『周禮細碎處雖可疑，其大體直是非聖人做不得。』今按其書雖奏於劉

歆，然非歆所能造。顧其所言制度與尚書左傳及先秦諸子多不同，如封建異孟子，官制異王制。後世古文學者信周官不信王制，可也，而並疑孟子則不可。且孟子謂『諸侯惡其害己，而皆去其籍』，則成周遺制，戰國時固已難盡明，何獨於漢世出此完整之書？無怪啓後人之疑。廖平謂『疑是燕趙人在六國時因周禮不存，据己意採簡册摹仿爲之』，事或然也。

周官禮六篇，曰天官冢宰，地官司徒，春官宗伯，夏官司馬，秋官司寇，冬官亡，以考工記充之。官各有屬，各有職掌，共三百六十官；然職事員數不止此，如天官凡卿大夫命士三百五十餘人，地官除鄉遂山林虞衡司關司門數不可考外，尚有四百餘人，春夏秋三官皆五百餘人，則六官凡三千人矣。鄭玄等皆謂劉向所稱經禮卽周禮三百六十官，而傳瓚辨之曰：『周禮三百，特官名耳，經禮謂冠昏吉凶』。蓋周禮主於制兵立法，設官分職，禮典固在其中，而非專爲禮設，是鄭學之徒誤也。

五曰樂——秦燔滅典籍，及漢而諸經漸復，獨樂經竟不傳。藝文志云：『漢興，制氏以雅樂聲律世在樂官，頗能紀其鏗鏘鼓舞而不能言其義。六國之君，魏文侯最爲好古；孝文時得其樂人竇公獻其書，乃周官大宗伯大司樂章也。武帝時河間獻王好儒，與毛生等共采周官及諸子言樂事者以作樂記，獻八佾之舞，與制氏不相遠；其內史丞王定傳之以授常山王禹，禹，成帝時爲謁者，數言其義，獻二十四卷記。劉向校書得樂記二十三篇，與禹不同，其道寖以益微。』向所校二十三篇著於別錄，而戴記中先已斷取其中十一篇合爲樂記。然則後世攷古樂者僅可於大司樂及樂記二篇，窺其崖略而已。

大司樂掌成均之法，以樂德樂語樂舞爲教，以六律，六同，五聲，八音六舞大合樂，分而序之以祭，以享，以祀。有六代之樂：雲門，咸池，大磬，大夏，大濩，大武。六律者陽聲黃鐘，大蔟，姑洗，蕤賓，夷則，無射；六同者陰聲大呂應鐘，南呂函鐘，小呂，夾鐘。五聲者：宮，商，角，徵，羽。八音者：金，石，土，革，絲，木，匏，竹。六舞者：大舞同六代之樂；小舞：帗舞，羽舞，皇舞，旄舞，干舞，人舞。又設樂師，大胥，小胥，大師，小師，瞽矇，眡瞭，典同，磬師，鐘師，笙師，鎛師，韎師，旄人，籥師，籥章，鞮鞻，典庸，司干等官，各有所掌。

樂記二十三篇，其入戴記者有樂本，樂論，樂禮，樂施，樂言，樂象，樂情，魏文侯，賓牟賈，樂化，師乙等十一篇；餘有奏樂，樂器，樂作，意始，樂穆，說律，季札，樂記，樂義，招本，招頌，竇公，則僅存其目於向錄中。史遷作樂書亦多採樂記語。

六曰春秋——春秋，編年之史也。古之王者必有史官，君舉必書，所以愼言行昭法戒也。諸侯亦各有國史，春秋即魯之史記也。孟子曰：『王者之迹熄而詩亡，詩亡然後春秋作，晉之乘，楚之檮杌，魯之春秋，一也，其事則齊桓晉文，其文則史，孔子曰，「其義則丘竊取之矣。」』史遷敘孔子刪定六經，獨以春秋別出於後，曰：『子曰「弗乎！弗乎！君子疾沒世而名不稱焉，吾道不行矣，吾何以見於後世哉？」乃因史記作春秋，上至隱公，下訖哀公十四年，十二公，據魯，親周，故殷，運之三代，約其文辭而指博……筆則筆，削則削，子夏之徒不能贊一辭；弟子受春秋，孔子曰，「後世知丘者以春秋，罪丘者亦以春秋。」』據此則春秋固魯史舊文，然記注未甚合法，得孔子筆削而是非始正，

·国学概论·
神州国光社
一九三二年版

王道可見。鄭樵以爲：『左傳韓起見魯春秋，國語羊舌肸習於春秋，申叔時論傅太子之法云敎之以春秋，皆周之舊典爲未經孔子筆削之春秋；孟子所謂「詩亡然後春秋作，」則魯史記東遷以後事爲已經孔子筆削之春秋。』最見分曉。

春秋之義，在存王道，正褒貶，據史以書其事，使人觀之自爲鑒戒。故曰『孔子成春秋而亂臣賊子懼，』所懼者懼書其事以著其惡也，故書法自有義例以資褒貶。後人推究過甚，遂以爲一字之間無不寓褒貶之意，乃至如日月偶闕，名稱爵號偶異，皆一一穿鑿，不免反失本旨。

春秋之名，解者異說：一，賞以春夏，刑以秋冬；二，一褒一貶，若春若秋；三，春獲麟，秋成書：皆不足信。惟杜預謂『記事者以事繫日，以日繫月，以月繫時，以時繫年，年有四時，故錯舉以爲所記之名。』說最明切。

春秋有公羊，穀梁，左氏三傳。漢景帝時，董仲舒胡毋生治公羊春秋爲博士；武帝時，瑕丘江公傳穀梁春秋，宣帝時立博士；惟左氏晚出，平帝時始立博士。公穀據經以立義，左氏據事以明經，其短長諸家爭論最熾，主左氏者輒議公穀爲末世流行之口說；主公羊者又譏左氏爲膏肓，穀梁爲廢疾；主穀梁者則謂其可正左氏公羊之違畔。惟范甯曰：『左氏豔而富，其失也巫；穀梁清而婉，其失也短；公羊辯而裁，其失也俗。』胡安國曰：『學經以傳爲案，則當閱左氏；玩辭以義爲主，則當習公穀。』朱熹曰：『左氏是史學，公穀是經學。史學者記得事却詳，於道理上便差；經學者於義理上有功，然記事多誤。』吳澄曰：『載事則左氏詳於公穀，釋經則公穀精於左氏。』分別得失頗平允。

三傳之作者，前人亦不一其說。公羊舊傳子夏弟子公羊高作，其實蓋高所傳述，而其玄孫壽及胡毋子都錄爲書。穀梁舊傳亦子夏弟子穀梁赤作，實亦傳學者錄爲書。其初均口授，而後始著之竹帛也。左氏舊傳左丘明作，謂丘明同孔子觀書於周史，孔子爲春秋經，丘明爲傳，詳論本事以明孔子不以空言說經。然傳中無丘明字，而史遷但謂『左丘失明，厥有國語，』則似左丘未必是論語中之左丘明，且僅作國語耳。

·国学概论·
神州国光社
一九三二年版

朱熹謂『左傳自是左姓人作，如秦始有臘祭，而左氏謂「虞不臘矣」，是秦時文字分明』又曰：『見陳氏有齊，所以言「八世之後莫之與京，」見三家分晉，所以言「公侯子孫必復其始，」』可爲得間。

第二章 漢晉經學

六經自孔子而後，門弟子各得一體以爲儒宗。韓非子顯學篇謂：『儒分爲八，有子張氏，子思氏，顏氏，孟氏，漆雕氏，仲良氏，公孫氏，樂正氏之儒。』陶潛聖賢羣輔錄則謂：『顏氏傳詩爲諷諫之儒；孟氏傳書爲疏通知遠之儒；漆雕氏傳禮爲恭儉莊敬之儒；仲良氏傳樂爲移風易俗之儒；樂正氏傳春秋爲屬辭比事之儒；公孫氏傳易爲潔淨精微之儒。』諸儒學皆不傳，陶氏說不知何據。其可攷信者惟子夏與荀卿耳。漢徐防曰：『詩書禮樂，定自孔子；發明章句，始於子夏。』今按公羊穀梁皆子夏弟子；毛詩亦云得子夏之傳。又按魯詩出於申公，申公受詩於浮丘伯，浮丘伯爲荀卿之門人；左傳初由左氏授曾申，歷吳起，吳期，鐸椒，虞卿而傳至荀卿；穀梁出於瑕丘江公，江亦申公弟子，問接受自荀卿；大小戴記多載荀子文；劉向稱荀卿善爲易。皆可見二子傳經之功。

·国学概论·
神州国光社
一九三二年版

漢初但有易卜，無他書。至惠帝始除挾書之禁，文帝廣開獻書之路，經籍稍稍復出。及武帝表章儒術，於是師儒傳學，申引師說，各有名家，經學大盛。維時易有田何，而施讐孟喜梁丘賀傳之；書有伏勝，而歐陽生大小夏侯勝建傳之；詩有魯申培齊轅固韓；韓嬰禮有高堂生，而后蒼大小戴德聖傳之；春秋公羊有董仲舒胡毋生，而眭弘嚴彭祖顏安樂傳之；穀梁有瑕丘江公，而蔡千秋之徒傳之：自武訖宣，次第立博士。元帝時立京氏易。平帝時劉歆又增置左氏春秋，毛詩，逸禮，古文尚書，然至光武而罷不復立。

自建元以來所立博士皆今文家，而劉歆所增置者則爲古文，自是經學有今古文之分。顧其初僅文字之異耳：今文者隸書，卽漢世通行之文字，當時所用以敎授誦習者也；古文者籀書，卽周代所遺之古本，得諸孔壁私藏者也。當古文學未興之前，皆今文經，而不別立今文之名；及古文諸經既立，別創說解，別本師傳，而其學遂判然兩途，於是今古文爲對稱，而今古學亦對峙矣。

西漢經師皆不信古文，故劉歆請增置古文時，下博士議，博士非之，歆移書讓太常博士，辯論最激，其大意謂「諸經義雖相反，猶並置之，與其過廢，寧過存之。」實則古文之所以不見信者，蓋因自來民間傳習，無顯明之授受，故博士以爲存之卽亂師法而乖經義也。其後古文諸經雖暫立而隨罷，然東漢古文漸盛，遂從此今古犄角。范升所謂「各有所執，乖戾分爭，從之則失道，不從則失人」是已。

廖平曰：「今學祖孔子，主王制；古學祖周公，主周禮。今學爲孔子晚年之說；古學爲孔子壯年之說。今爲經學派，古爲史學派。今出於齊魯，古出於燕趙。今守專門，古多異說。」說詳見今古學考，不備舉。是今古之分，不徒在文學之異，而義理亦水火矣。然二者言禮制有相異處，亦有相同處。廖氏以爲此因孔子於周制有損益因仍之別，至其大不同處，則師法互殊，無可通融者也。直至東漢，治古文者如杜興、鄭衆、賈逵、馬融之解經，皆絕不取今說。迨鄭玄徧注諸經，垂百萬言，始兼采今古：注古禮雜王制；箋毛傳取韓詩；注尚書參歐陽夏侯。故後人以混亂今古敗壞家法歸罪於鄭氏也。

漢有讖緯之學：圖讖出戰國方士，多陰陽術數之說，謂可預決吉凶，本無涉於經；

·国学概论·
神州国光社
一九三二年版

迨漢哀平之際，諸儒增益秘緯，乃以讖文牽合經義，侈稱災異，託爲孔子所作。於是諸儒解經，時援緯說，詖辭紛起。光武深信讖緯，五經之義皆以讖決。賈逵以此與左氏；曹褒以此定漢禮；尹敏桓譚等幾以不信得罪。由是五經爲外學，而七緯爲內學矣。宏達如鄭玄，猶謂『孔子雖有聖德，不敢顯然改先王之法，以教授後世，若其所欲改，陰書爲緯，藏之以待後王。』淹雅如范曄，猶謂『河洛之文，龜龍之圖，緯候之部，皆所以探抽冥賾參驗人區，時有可聞者焉。』實則孔子不語神怪，罕言性命，況所謂『卯金出軫』書緯考靈曜『張握命圖』詩緯含神霧『爲漢帝制法』春秋緯漢含孳等，竟預出姓氏，種種荒誕，寧值一噱？何諸儒竟篤信之邪？

讖緯之書，不見於劉錄班志，至隋書經籍志，始錄於六經之下。唐志猶存九部八十四卷。通志通考並著目，除易緯外而諸書已亡。朱彝尊經義考著毖緯目凡一百七十二種。馬國翰玉函山房輯佚書緯書類凡四十部，所收略備。

漢儒緣飾經義，附會讖緯，謂『六經爲漢制作』以自增重而博人主尊崇，於是學者競起，蔚爲風尚。自武帝以公孫弘爲丞相封侯，天下學士靡然鄉風；昭，宣，元，成，屢增學額，設科射策；光武，明，章，修學建雍，親禮躬講，於是太學諸生竟至三萬餘人，極一時之盛。雖後人斥漢儒爲狹陋，謂春秋豈區區爲漢制作，（歐陽修說）又譏其以利祿誘士，謂儒之途通而道亡，（方苞說）然其時風俗之美，人才之盛，固事實之不可磨滅者也。

西漢經學重師法，專明大義微言，施諸行事，以禹貢治河，以洪範察變，以春秋決獄，以三百五篇當諫書，故通經卽以致用。及東漢而風氣漸變，章句漸備，文采漸彰，一經說至百餘萬言，說五字之文至二三萬言，矜奇炫博，支蔓相承。班固所謂『碎義逃難，便辭巧說，破壞形體，幼童守一藝，白首而後能言』，蓋深譏之。然東漢經學卻盛，諸儒著述如林。如周防撰尚書雜記三十二篇，凡四十萬言；景鸞作易說，詩解，禮略，及月令章句，凡五十餘萬言；何休作公羊解詁，注孝經，論語，公羊墨守，左氏膏肓，穀梁廢疾等；賈逵集古文尚書同異，撰三家詩與毛詩異同，作周官解故；馬融著三傳異同說，注孝經，論語，詩，易，三禮，尚書；許慎撰五經異義，說文解字：皆各淹貫。是又不得不歸功章

·国学概论·
神州国光社
一九三二年版

句訓詁之行矣。

漢末天下大亂，儒風漸衰，獨鄭玄囊括大典，網羅衆家，徧注周易，尚書，毛詩，儀禮，禮記，論語，孝經，尚書大傳，中候，乾象曆，又箸七政論，六藝論，魯禮禘祫義，毛詩譜，駁許愼五經異義，答臨孝存周禮難，箴膏肓，起廢疾，發墨守等，總百餘萬言。尤極賅博，卓爲儒宗。經學至此甫爲統一，亦至此而變革。蓋前此專門家法，由是不可復見；後之學者惟賴鄭注而上通經義耳。漢魏之間，惟荀爽虞翻王弼之易，與鄭說稍異。至王肅出，則有意立異，專駁鄭君，僞造古籍，自詡聖證，信鄭君之罪人，而經學之大蠹也。

王肅初治今文，復善賈逵馬融之學，徒欲於鄭氏外別立門戶，不惜僞造孔安國尚書傳，論語孝經注，孔子家語，孔叢子等書以自立互證。因其於晉爲懿戚，故其學盛行於晉初。尚書，詩，論語，三禮，左氏解及其父朗所作易傳，皆立學官；以至郊廟大典皆取其說。自是主王學者有孔晁，孫毓；主鄭學者有孫炎，馬昭。兩派紛爭，而兩漢家法不復可見。迨永嘉亂後，漢學益亡。元帝雖置博士，所立率王弼易鄭玄詩書禮易杜預春秋左氏僞孔古文尚書之學，非漢博士之舊矣。

南北朝時，經學有南學北學之分。北史儒林傳序曰：『江左，周易則王輔嗣，尚書則孔安國，左傳則杜元凱；河洛，左傳則服子愼，尚書周易則鄭康成；詩則並主於毛公，禮則同遵於鄭氏。』二者相較，北學爲優。蓋北學尚質，南學崇玄。鄭君生際漢末，學有本原，未雜玄虛，不假僞撰，其所注經，完全無缺；以視王弼之易舍象言義，孔氏之書作僞混眞者何啻徑庭！服虔春秋學出於鄭，尚不失正；以視杜預臆斷，謂春秋凡例皆出周公。而孔子爲新例，羌無所本者，亦較樸實。至於皇侃之疏論語，多雜老莊之旨，發爲駢儷之文，尤背說經之法。獨晉人說禮，較北學爲優耳。

南朝君主之隆經者，以梁武帝爲首；北朝則以魏道武帝爲首。梁武起自諸生，篤信經術，深感宋齊國學，皆成具文，公卿少可通經，後生無所就正；乃於天監四年，詔開五館，建立國學，置五經博士，分遣博士祭酒至州郡立學，令太子宗室王侯就學受業，一時稱盛。魏道武初定中原，卽立太學，置五經博士；太武，宣武繼之，立鄉學，建明堂辟

·国学概论·
神州国光社
一九三二年版

雍，尊三老五更，樹四門小學；於是燕齊趙魏之間，橫經著錄，不可勝數，迄北周而流風猶被焉。

南北朝義疏之學，上足以繩漢儒大義之餘，下足以開唐人注疏之路，蓋此期之特色也！案南北史儒林傳所載諸儒箸作：南如崔靈恩之三禮義宗，左氏經傳義，沈文阿之春秋禮記孝經論語義疏，皇侃之論語禮記義，張譏之周易尚書毛詩孝經論語義，顧越之喪服毛詩孝經論語義，王元規之春秋孝經義記；北如劉獻之之三禮大義，徐遵明之春秋義章，李鉉之孝經論語毛詩三禮義疏，沈重之三禮毛詩喪服經義，熊安生之周禮禮記義疏孝經義等。惜諸書皆亡佚，惟皇熊二家說略見采於禮記疏耳。

第三章　唐宋經學

自隋文帝平一寰宇，天下學子集於中州，負笈追師，講誦不絕。煬帝之初，廣開庠序，徵辟儒生，講學東都。二劉焯炫，傑出，諸經義疏，一時所宗。南北經學於是統一。然北學昔崇鄭服，自統一後而其學寖微。初陸德明作經典釋文，易主王，書主僞孔，春秋主杜，皆涉玄虛而盛行於唐；孔穎達作五經正義因之，獨詩禮皆主鄭氏，義本詳實，名物度數疏解亦明，故後儒評爲最優。其後頒行天下，令明經取士率依奉之，唐人之研經者皆賴於此，其義雖未盡純，其功亦不可沒已。

唐代取士，以禮記左傳爲大經，毛詩周禮公羊爲中經，周易尚書儀禮穀梁爲小經。而學者趨易避難，習大經者多不習左氏，習中小經者多不習周禮儀禮公羊穀梁，由是四經殆將廢焉。又帖經課試之法：以其所習經，掩其兩端，中間惟開一行，裁紙爲帖，凡帖三字，隨時增損，可否不一。於是應明經試者，誦文而不求義，以視東漢之從事

·国学概论·
神州国光社
一九三二年版

章句訓詁者，又弗如遠矣！

羣經之文，自漢靈帝熹平間刊石於太學，後經亂散亡。至唐文宗開成間，又重刊石，是爲開成石經。雖偶有誤，然尙足正後世刻本之譌脫。至其時研經之士，著述雖少，亦不乏可稱。如陸淳本其師啖助及其友趙匡之說作春秋纂例，微旨，辨疑三書，攻駁三傳；李鼎祚作周易集解，採子夏易傳以下三十五家之說，自謂『刊輔嗣之野文，補康成之逸象。』皆有功於經，而尤以陳商議立春秋左傳學，申明左氏爲史，當與遷固等列，非以附經，最爲卓識。

五代兵戈擾攘，經學寂焉無聞。至宋初稍稍紹復，學者多守章句注疏。及仁宗慶曆間，新學始生，風氣一變。初，劉敞作七經小傳，已多異於先儒；王安石作三經新義，尤推本敞說。自是學者視漢學若土梗，敢於排擊古義。觀於司馬光謂：『新進後生，口傳耳剽，讀易未識卦爻，已謂十翼非孔子之言；讀禮未知篇數，已謂周官爲戰國之書；讀詩未盡周南召南，已謂毛傳爲章句之學；讀春秋未知十二公，已謂三傳可束之高閣。』陸游謂：『唐及國初，學者不敢議孔安國鄭康成，況聖人乎？自慶曆後，諸儒發明經旨，非前人所及；然排繫辭，毀周禮，疑孟子，譏書之胤征顧命，黜詩之序，不難於議經，況傳注乎？』可以知宋代說經之風矣。

宋人說經，既務反古人而探索新義，遂多純任主觀，武斷事實者，其病在疑古。疑古猶可也，馴至自立僞證，移經就己，則大謬生矣。昔漢儒重家法，守專門，故經學純而不雜；唐人雖少發明，猶能墨守章句訓詁，憚於妄爲。乃宋儒既無家法專門之傳授，又薄章句訓詁之拘牽；甚乃如王柏之作書疑，詩疑，任意刪改，俞廷椿之復古篇，割裂周禮五官以補冬官，其歧途自失，良可慨閔！然在治宋學者，方服其別有發明，突過前人也。今就宋儒經學箸述之異古者，略析舉之。

易以施，孟，梁丘之學爲正傳，自京房主卦氣占驗，而鄭玄言爻辰，已開別派。虞翻王弼之徒，更參引道家，間雜術數。及宋陳摶乃本太乙下行九宮之法，作先天後天之圖，託伏羲文王之說而加諸孔子之上。邵雍得之，尤推衍數理，副會易義，於是易學全

·国学概论·
神州国光社
一九三二年版

入於道家矣。賢如朱熹，猶取摶之河圖洛書等九圖，冠於易本義之首，以致益陷玄虛，失易之旨。

書以伏生歐陽之學爲正傳，事制多與史記相合；自古文尚書說出，已多異辭；至王肅僞孔傳興，尤滋紛糾。宋儒如吳棫，朱熹，雖亦知疑僞孔，然如蔡沈書傳，多以義理懸斷事實，而所揭十六字心傳之說，乃據僞書。

詩之三家，次第失傳，惟毛詩獨存；康成作箋，略存魯韓之碎義，及歐陽修作詩本義，乃與毛鄭立異；蘇轍作詩集傳，刪節小序；及鄭樵作詩傳辨妄，尤極詆小序；朱熹集傳因之，自謂『盡滌舊說，詩意方活，』然其失至於直目鄭衛爲男女淫佚者之自作，遂沒詩人諷諭之旨，而失孔子刪詩之心。惟程頤則謂『學詩而不求序，猶欲入室而不由戶，』馬端臨則謂『十五國風之序不可廢，』與之相迕耳。

禮自南北朝同宗鄭注無異辭，唐人治儀禮喪服最精審。宋王安石獨尊周禮而廢儀禮。李如圭作儀禮集釋，釋宮，衞湜作禮記集說，皆採拾賅博，而尤以陳祥道之禮書爲能貫通經傳。惟宋人喜輕詆漢儒，不少變古就今之處耳。

春秋自東漢而後，左氏獨盛，經義不明。宋王安石乃詆爲斷爛朝報而廢之。其餘治之者多沿唐人啖趙之說，如孫復作春秋尊王發微，孫覺作春秋經解，崔子方作春秋經解，本例，例要，葉夢得作春秋傳，春秋考，春秋讞，呂本中作春秋集解，胡安國作春秋傳，高閌作春秋集註，呂祖謙作左氏傳說，程公說作春秋分紀，張洽作春秋集註，呂大圭作春秋或問，家鉉翁作春秋詳說等，或主左氏，或宗公穀，或並糾三傳；惟劉敞作春秋權衡，能評三傳得失，依經立義，較各家爲長。

宋儒以朱熹治經，最爲平正矜慎，如自謂『春秋義例，不能自信於心，故未嘗敢措一辭，』注論語不刪重出之章，有疑而俱存於注，其篤實皆可爲訓。又教人看注疏，不可輕議漢儒，且云『漢魏諸儒正音讀，通訓詁，考制度，辨名物，其功博矣。』以故金元以來學者翕從。如黃震，許謙，金履祥，王應麟諸儒，皆有根柢。自後科舉取士，雖曰尊用其義，然元明本不重經，朱學存名亡實。漢學家或議其『功罪參半』『囿梏學子思

·国学概论·
神州国光社
一九三二年版

想，』非允也。

『宋自神宗熙寧間，取士用墨義之法，由是士務空談，書多異解，時文答策之式用以說經。經學至此，日就衰靡。然宋儒猶不盡空疏也。及元人株守宋儒，荒棄注疏，造詣甚淺。明人並於宋儒之學亦少專研，惟拾元人之餘惠。顧炎武曰：『自八股行而古學棄，大全出而經說亡。』大全者，明永樂十二年胡廣等奉敕所修而頒行天下者，其書率剿襲元人舊說而成，固無論兩漢故訓，未嘗夢見，卽視唐宋所去亦遠。四庫提要謂：『周易大全僅割裂董楷，董眞卿，胡一桂，胡炳文四家之書，餖飣成編；書傳大全亦剿襲陳櫟尚書集傳纂疏，陳師凱書蔡傳旁通，禮記大全採諸儒之說凡四十二家，而以陳澔集說爲主』；顧炎武謂：『春秋大全襲元人汪克寬胡傳纂疏；詩經大全襲元人劉瑾詩傳通釋』云云，可以知其敝矣。

經學本爲樸學，義必實訓，無取華辭，事必實證，不容空議。以魏晉較兩漢，已涉玄虛；然義訓猶未泯也。唐人守之，尚爲寡過。宋人疑古移經，流弊滋大，然未嘗全棄注疏。

及元明則惟空言義理而已。故經學至此爲積衰。

·国学概论·

神州国光社
一九三二年版

第四章 清代經學

學術之衰，蓋至明而極矣！國家取士，概用時文，薄視經術。而文采之士，率以詞章相尚，標榜爲高。三百年間，鮮可稱述。顧炎武謂『有明一代之箸述，無非竊盜』，蓋深識之。晚季政治失御，黨禍朋興，有識者感於國運之頹，胎於學術之窳，毅然改途，研治實學。於是易代之交，有顧（炎武）黃（宗羲）王（夫之）諸儒崛起，傳先賢之絕火，啓後學之曙光。閻（若璩）毛（奇齡）諸君繼聲接武，考訂愈密，風氣益張。復以文網綦繁，士憚刑辟，壹志汲古，可遠忌諱，經學復興，此正其候。康乾二朝，再舉制科，開館延士，編纂經史諸籍，造述蔚然。上好下甚，自公卿以至布衣，率多殫心樸學，卓然成家，弟子景從，講誦不絕。西漢師法專門之學，至是復盛。固無論元明之蕪陋，不敢望塵；卽唐宋諸儒，視之亦有遜色。論者擬之於西方文藝復興，非無故也。

清初諸儒之學，重攷據兼明義理，漢宋兼采之學也。顧，黃，王三君砥礪品節，皆嘗

·国学概论·
神州国光社
一九三二年版

潛心朱熹之學，而博考深稽，則已開漢學之途徑。顧氏音學五書（音論，詩本音，易音，唐韻正，古音表。）初本明儒陳第之說力求古證而韻補正則糾吳棫叶讀之乖。黃氏易學象數論以易至焦，京而流爲方術，至陳摶而歧入道家，遂並糾其失。王氏周易稗疏不信焦，京，亦不信陳，邵，惟引據訓詁考求古義。故江藩漢學師承記謂『梨洲亭林兩家之學皆深入宋儒之室，但以漢學爲不可廢。』他如閻氏古文尚書疏證辨析眞僞，具有漢法，而初因吳，朱之疑；胡渭易圖明辨闢河圖洛書之謬，而洪範正論並攻漢儒；朱鶴齡詩經通義於漢用毛，鄭，於宋用歐陽修，蘇轍，呂祖謙，皆非純漢學也。惟毛奇齡務與朱熹立異，駁儀禮，信僞古文而反失是非，爲不雜宋學者耳。

自黃宗羲以治實學創於浙東，其弟子萬斯大推究禮經，作學禮質疑，儀禮商，禮記偶箋等，長於論析。稍後毛奇齡黜宋崇漢，於諸經咸有撰述。（易有仲氏易推，易始末，春秋占筮書，易小帖四種，書有古文尚書冤詞，詩有毛詩寫官記，詩札二種，春秋有春秋簡書刊誤，春秋屬辭比事記二種。）胡渭精於象數，不信讖緯河洛。於是吳越之士聞風興起，治禮者有蔡德音，（作禮經禮傳本義，通禮。）盛世佐，（作儀禮集編。）任啓運；（作禮經章句。）治詩者有朱鶴齡，作詩經通義。陳啓源；作毛詩稽古編。治易者有吳鼎，作易例舉要，易象集說。陳景范；多論易之文。治春秋者有俞汝言，作春秋平議，四傳糾正。顧棟高，作春秋大事表咸雜糅不主一家。自餘朱彝尊，杭世駿，厲鶚，全祖望，亦重考訂，然偏長史學。——是謂浙東學派。

吳江惠氏三世傳經；周惕，作詩說，易傳。士奇，作易說，春秋說。紹開漢學；及棟而所造尤邃，撰九經古義，周易述，易漢學，易例，明堂大道錄，古文尚書考，左傳補註等書，皆極博洽，論者擬之漢儒在何休服虔之間。其教弟子親授體例，分輯古書，有余蕭客輯古經解鉤沈，網羅散佚；江聲箸尚書集註音疏，扶翼馬鄭。蕭客弟子江藩，聲孫沅，弟子顧廣圻，皆承師法。又，錢大昕深於音韻，曆數，王鳴盛作尚書後案，於經學亦沐惠氏之敎者。餘如孫星衍，洪亮吉雖皆治諸子史地，而亮吉之左傳詁，星衍之尚書今古文註疏，精校詳釋，亦有功於經。——是謂東吳學派。

婺源江永崛起窮陬，深通音韻，曆數，輿地之學，尤精於三禮，撰禮經綱目，周禮疑義舉要，禮記訓義擇言，羣經補義等書，攷證詳，義例密，弟子十餘人，以休寧戴震爲最

·国学概论·
神州国光社
一九三二年版

著。戴震之學，先立科條，以慎思明辨爲歸，其立說必參考互驗，曲證旁通，探微補缺，實事求是。撰毛鄭詩攷證，攷工記圖，孟子字義疏證，儀禮正誤，爾雅文字考，皆淹貫過於前人。其鄉里同學有金榜，作禮箋。程瑤田，作宗法小記諸書。稍後有凌廷堪，作禮經釋例。三胡，匡衷作儀禮釋官，承珙作毛詩後箋，培翬作儀禮正義。皆善禮學。其弟子有任大椿，作弁服釋例。盧文弨，作羣書拾補。孔廣森，作大戴禮補註，禮學卮言，公羊通義。而尤以段玉裁，王念孫之小學爲精博。段氏撰說文解字註及六書音韻表，發許學之光；王氏撰廣雅疏證，其子引之作經傳釋辭，經義述聞，發明詞氣之學，於古訓多所匡正。稍後有阮元，撰詩書古訓，車制圖考，率精覈，校勘十三經，尤有功於經文；焦循撰周易通釋，易圖略，易話，發明大義，條理深密，皆戴氏之嫡傳也。嗣其風遂播於揚州，先後以經學鳴者十數家，以黃承吉，凌曙，劉文淇，劉寶楠等爲著，極東南之盛。——是謂皖南學派。

武進莊存與，與戴震同時，專今文學。治公羊，作春秋正辭；又作毛詩說，周官記，周官說，則亦兼古文學矣。惟莊氏之學，大抵依經立義，旁推交通，間引史事說經，一洗章句訓詁之習。深美閎約，雅近淮南，則工於立言；重言申明，引古匡今，則近於致用。其兄子述祖亦徧治羣經，（作尚書古今文考證，毛詩口義，詩記長編，樂記廣義，左傳補注，五經疑義，論語別記。）復稱述古籀文，（作古文甲子篇，說文古籀疏證。）述祖之甥劉逢祿及門人宋翔鳳更傳其學。劉氏作公羊何氏釋例，推原左穀之得失，本董氏春秋公羊之義以窺六經家法，易申虞氏，詩議毛公，書匡馬鄭。（作尚書古今集解。）宋氏作漢學今文古文考，分今古文之派別甚晰；又以公羊義釋羣經，（作論語發微。）以古籀證羣籍，皆兼尚瑰瑋綿邈之文。又有魏源，龔自珍，皆私淑莊氏，從劉逢祿問故。魏氏作兩漢經師今古文家法考，略同宋氏之書；又作董子春秋發微，詩古微等，皆宗西漢博士之傳，而議東京諸儒之失。龔氏作五經大義終始論，五經大義答問，張春秋三世之義，博辯驚世，終異樸學。稍後有邵懿辰，（作禮經通論，尚書大義。）戴望，（作論語注）皆其支流，而邵近疏誕，戴較有師法。——是謂常州今文學派。

綜上四派，雖似區以地域，然承學者固不僅在一方，特以首創大師之所出及傳授較衆之地稱之耳。及至晚清，諸派已非並峙，而以皖南常州二派爲盛。皖南派自阮

·国学概论·
神州国光社
一九三二年版

元之提創，迤於浙中，有臨海金鶚，作求古齋禮說。定海黃式三，作論語後案。子以周，作經訓比義。說經多與戴阮相合，而以周作禮書通故，尤集三禮之大成；瑞安孫詒讓，深於訓詁典章之學，作周禮正義，亦集周官學之大成；別有德清俞樾以小學爲綱，疏理羣籍，恪宗高郵二王之學，援順經文之詞氣曲爲理繹，喜更易傳注，間以臆見改本經，精者略與王氏符，雖近鑿空，然言必有驗，非事浮談；弟子有餘杭章炳麟，亦徧治羣經，精於音韻訓詁，旁及文史，淵雅精覈，卓然名家。常州派自魏源之推崇，迤於湘中，有湘潭王闓運，亦以公羊義說五經，而長於詩書，絀於易禮；其弟子井研廖平著書數十種，分析今古學，頗有獨見；善化皮錫瑞，亦主公羊學，更治尚書，作尚書大傳疏證。孝經，作孝經鄭注疏。皆精洽；南海康有爲，初淑朱次琦，而中王廖之緒，偏主公羊三世，禮運大同之義，更痛斥古文，謂皆出劉歆僞造，箸書甚多，然時不免武斷。是爲晚清經學之兩大派。

清代經師有功後學者三事：一曰輯佚書——摭拾已佚之書，依類排列，單詞碎義，博采旁搜，導於宋王應麟之輯三家詩及鄭氏易註，而清則此學極盛，如余蕭客之古經解鉤沈，馬國翰之玉函山房輯佚書，孫星衍之輯馬鄭尚書註，李貽德之述左傳賈服註，陳壽祺喬樅父子之攷今文尚書三家詩，皆有存亡絕續之功。二曰精校勘——攷訂異文，改易殊體，評量字句，折衷古本，始於顏師古之匡謬正俗，而宋之三劉以之治史；而清則多以此名家，如臧琳之經義雜記，以爲後儒注經，疏於校讎，不審訛脫，致害經義，故必本舊本以正俗訛；何焯，齊召南，盧文弨，顧廣圻，錢泰吉等皆於經籍諸子，勘誤訂訛，具析疑滯；阮元十三經校勘記尤爲經學之淵海。三曰通小學——唐以來學者多昧故訓，故解經率多臆度；及宋吳棫，明陳第，始知講求古音，然未周貫；而清則此學大昌。音韻如顧炎武之音學五書，荒蹊始闢；江（有音學辨微，古韻標準。）戴（有聲韻表，聲類考。）段（有六書音韻表。）錢（有十駕齋養新錄論反切七音極精。）益加闡明。形體如吳玉搢，趙曾，武億皆究心金石學；而段玉裁之說文解字註，昌明許學，爲二徐以後鉅子；同時如嚴可均，鈕樹玉，桂馥，稍後如王筠，苗夔，末如鄭珍，莫友芝，均各有闡明；及清末河北發見殷墟甲骨，羅振玉，王國維考識詳贍，尤足補正許書。訓詁則諸儒多所深通，其著者如王念孫父子，郝懿行（作爾雅義疏。）杭世駿

·国学概论·
神州国光社
一九三二年版

作續方言。章炳麟作新方言。均各卓然樹立。惟焦循排斥輯佚，謂爲拾骨學，校勘謂爲本子學；劉師培謂『摭拾校勘之學，雖無傷於大道，然亦廢時玩日之一端，』又謂『違其別擇，昧厥源流，務於物名，詳於器械，攷其訓詁，摘其章句，不能玩其大義之所極。』然披榛斬荊，非是莫能開闢整理之也。

清代經學箸述薈萃於皇清經解，續皇清經解二集；家法淵源具見於江藩漢學師承記，然其書成於乾，嘉之間，故後出者未入著錄；嘉，道後治今文說者亦不載，皇清經解亦未收其書，書具見於續皇清經解中。

綜觀清代經學凡三變：清初漢學方萌芽，皆以宋學爲根柢，不分門戶，各取所長，是爲漢宋兼采之學；乾隆以後，許鄭之學大明，說經皆主實證，不空談義理，是爲專門漢學；嘉道以後，又由許鄭之學導源而上，易宗虞氏，以求孟義，書宗伏生，歐陽，夏侯，詩宗魯，齊，韓，春秋宗公，穀，西漢十四博士今文說，自魏晉淪亡千餘年，及此而復明，是爲西漢今文之學，而各家傳授，系統昭然，繼續發明，仍不倍乎師說，精思渺論，而兎蹈乎玄虛，則尤此期之特色而爲唐，宋，元，明所萬難比數者也。

四庫提要經部總敘曰：『自漢京以後垂二千年，儒者沿波，學凡六變：其初專門授受，遞禀師承，非惟訓詁相傳，莫敢同異，卽篇章字句，亦恪守所聞，其學篤實謹嚴，及其弊也拘；王弼，王肅，稍持異義，流風所扇，或信或疑，越孔，賈，啖，陸，以及北宋孫復，劉敞等各自論說，不相統攝，及其弊也雜；洛閩繼起，道學大昌，擺落漢唐，獨研義理，凡經師舊說，皆排斥以爲不足信，其學務別是非，及其弊也悍；原注如王柏吳澄攻駁經文動輒刪改之類。學脈旁分，攀援日衆，驅除異己，務定一尊，自宋末以逮明初，其學見異不遷，及其弊也黨；原註如論語集註誤引包咸夏瑚商璉之說，張存中四書通證卽闕此一條以諱其誤，又如王柏刪三十二篇，許謙疑之，吳師道反以爲非之類。主持太過，勢有所偏，才辨聰明，激而橫決，自明正德嘉靖以後，其學各抒心得，及其弊也肆；原注如王守仁之末派皆以狂禪解經。空談臆斷，考證必疏，於是博雅之儒，引古義以抵其隙，國初諸家，其學徵實不誣，及其弊也瑣。原注如一字音訓動辯數百言之類。』其論二千年經學升降得失，簡而能賅，惟不及嘉，道後今文之學。誠能明其源流，別其長短，或橫通大義，或直探微言，則諸弊可蠲，而國粹不泯。是在後學者自求

國學概論

而已。

述經學竟。

·国学概论·
神州国光社
一九三二年版

第二編 小學

·国学概论·

神州国光社
一九三二年版

第一章　小學概說

小學之名，起於漢志：『古者八歲入小學，故周官保氏掌養國子，教以六書，』列史籀等十家四十五篇爲小學，而附於六藝略。隋志增以金石刻文，唐志增以書法書品，已非初旨；及朱熹作小學以配大學，趙希弁郡齋讀書附志遂以弟子職之類併入小學，又以蒙求之類相參並列，而小學益多歧。實則漢志根據經義，界限最明。蓋保氏六藝，習非一時，行非一歲；兒童所學，書數爲宜。故許慎亦云『保氏教國子先以六書』，明節次最初也。

漢志小學門所存者，皆字書之屬也。漢律：『太史試學童能諷，籀書九千字以上乃得爲史，』諷誦其音，籀繹其義，書寫其形，三者兼明而後於字乃爲眞識。故凡字皆有形，音，義三面，相繫而莫可偏舉。綜合以研究之者，則爲文字學；分別以研究之者，則爲說文學，音韻學，訓詁學。四庫書目以爾雅以下編爲訓詁，說文以下編爲字書，廣韻以下編爲韻書，有兼擧兩家者則各主所重，體例謹嚴，不失古義，較前史志爲當矣。

凡字動於義，表於音，成於形，形具而義與音皆立，此一定之序也；識字者先睹其形，繼呼其音，終識其義，義識而形與音俱明，此亦不易之程也。今先究文字構成之序，而後述學者識字之途，分著於篇。

吾國當文字未立，先有畫卦結繩，易繫云：『包犧氏之王天下，仰則觀象於天，俯則觀法於地，觀鳥獸之文與地之宜，近取諸身，遠取諸物，於是始作八卦，以通神明之德，以類萬物之情。』又云：『上古結繩而治，後世聖人易之以書契，百官以治，萬民以察。』而未言結繩起於何時，書契作於何人。惟許氏說文叙則曰：『神農氏結繩爲治而統其事，庶業蓁繁，飾僞萌生，黃帝之史倉頡，見鳥獸蹏迒之跡，知分理之可相別異，初造書契。』然八卦，結繩，非文字也，文字之前驅耳，近儒或謂『乾坤坎離之卦象，即天地水火之字形』（謂天字草書似乾卦，坤字古作巛即坤卦倒形，水字篆文即坎卦倒形，火字古文作巛即離卦倒形。又援證西人拉克伯里之說，謂畫卦出於巴比倫之楔形文，又謂神農曾置書摹，玉山以陶瓦刻楔文。）又謂『指事文字皆權輿於神農，』（謂古文弌弍弎之字所以表田獵所得之物數，是爲結繩時代之字，又「一」

字之縱橫斜折反轉環合重疊皆結繩之字。說雖新穎，然多臆度，章炳麟曾斥之爲『矯誣炫世，持論不根。』惟清儒王鳴盛謂『八卦爲六書原本』其意以爲卦者始以物象形諸點畫，故倉頡見鳥獸蹏迒之迹，遂推廣其用，而以點畫形容一切物象。則其所本者意，非沿其形也。至於結繩，但爲默記，不著點畫，更不得爲文字；故庶業不能理，飾僞不能弭，而必有待於書契之作。易繫所謂『結繩而治』『易之以書契』文意固甚明也。故今惟取許說而斷文字始於黃帝時。

許氏釋文，字，書，三者之義曰：『其初依類象形，故謂之文；其後形聲相益，乃謂之字。文者物象之本；字者孳乳而寖多也。著於竹帛謂之書，書者如也。』是文者單體，而字者合體，至於書者又聯貫文字以見意也。蓋書契之用，初必極簡，故僅有單體之文；及運用既敏，事物復繁，文不能敷，字緣以作。必文字具興，然後事物之變窮，而虛實之詞備矣。

文字之作，基於意象。意有所指，表以符號；象有所觸，表以圖畫。出之於口，則有聲

·国学概论·
神州国光社
一九三二年版

音。聲音之與圖畫，初不相蒙，繼乃相合，合則文字成矣。蓋上古人事簡率，民少往來，語言初緣天籟，偶有相合，情意可通。稍後交通漸興，轉相仿效，名物漸繁，語言亦雜。惟初民言文，先表實物。音肖其物，名乃立焉；形肖其物，字乃著焉。繼及表德，略本實物，通轉其音，依附其字，使聞音而義可會，察字而意可見。更進而表業，則動止思想，亦緣實物，會其聲音，所謂「孳乳寖多」者以此。迨文明稍啓，則德業之語早成，以次擴充，而後始名於實，由是展轉旁通，而文字之功用益著。

說文始於『一』，其下訓云：『惟初太極，道立於一，造分天地，化成萬物。』蓋一字之用至廣，而其最初特爲、符號而已。符號之表意，其始用以記數，故初爲一，生爲二三；繼用以表位，故一在上爲丄，一在下爲丅，再後則變化其形而爲用尤廣，故直之而爲丨以表通，縮之而爲丶以表止，折之而爲𠃌以表及，交之而爲㐅以表交，三合之而爲△以表集，四合之而爲口以表圍，環之而爲〇以表圓，皆原始之文，而六書中之所謂指事也。其以圖畫表象者，亦本此「一」以隨體詰屈，畫成其形：天之日月云雨，地之山水土田，人之心口手足，動物之馬牛魚鳥鹿鼠，植物之草木瓜果禾米，器之弓矢舟車午臼，不可勝數，是皆初期之文，而六書中之所謂象形者也。二體既成，又幷合其功用，而兼表意象，故日出爲旦，木下爲本，刀沿示刃，口內含甘，則又事之依形而立者，凡此皆所謂『文』也。

生民審辨之力，必先渾而後析，故表象之字，亦歷久而滋多；於是共名之下，別名生矣。如水，初僅識爲水，繼乃別江河；木，初僅識爲木，繼乃別松柏；雨自天降，類從而有霜露；犬爲獸屬，類從而有狠狐；同一月也，而朒朓異時；同一牛也，而牝牡異性，顴頰不同，而皆位於面；性情有別，而咸繫於心；出於口者，呼吸別焉；動乎手者，抑揚別焉：若斯之類，不可勝舉。要必先緣物以立名，繼傳音而成字，以是孳乳，可至無窮，是卽六書中之所謂形聲也。迨人事日進，則想念之力，更由淺而入深，故表意之字，亦比類而加廣；於是單意之下，複意出矣。如力田者男，持帚者婦，表人而並明其職；止舟則不行而進，夕口則冥中自呼，表事而並識其用；十合一爲士，一貫三爲王，則名位作用見於數別

·国学概论·
神州国光社
一九三二年版

厶爲公，止戈爲武，則德性能力存乎行：若斯之類，義並隱微，非深究其字之構成，不能領其義，是卽六書中之所謂會意也。凡此皆所謂『字』也。

二者既興，文字益趨蕃衍，而方音故異，義同而音轉者，則別爲字以資互訓；於是一物多名，一義多字生矣。如茉莉，蕾蕾，同草而異名；鴟鷄，鵰鷲，同鳥而異字。至於老考，始胎，以韻而同訓也；迎逆，旁溥，以聲而同訓也。音則展轉相迤，義則延緣從同，此六書中之所謂轉注也。亦有事物甫作，義起而字缺者，則假他字以相引申；於是一字數義，一文數用出矣。如西之義本鳥在巢，乃假以爲西方；朋之義本神鳥，乃假以爲朋黨；韋之義本相背，乃假以爲皮革；爲之義本母猴，乃假以爲作爲。本義隱而假義生，假義行而本義廢，此六書中之所謂假借也。

六書之名，始見於周官；六書之體，亦備於周代。由是物具於形，觀形而可識；義寓於聲，聞聲而可知。心口堪以相通；目耳不至偏廢。又況轉紐通話，曲達而旁流；蒙朩別居，一隅而三反。然地異則音殊，時遷則形變，事物增進，則通假訛轉，字義歧出，不可究詁。故封泰山者七十二代，而文字靡有同焉。周宣王時，太史籀作大篆，爲周代文字之標準。迄戰國而是非無正，人用其私，文字異形，言語異聲矣。秦政統一，罷其不合李斯，趙高，胡毋敬作小篆，程邈作隸，甫去繁雜。至漢而有六體之異，司馬相如（作凡將篇。）史游（作急就篇。）李長（作元尚篇。）揚雄（作訓纂篇。）班固（作太甲篇，在昔篇。）之徒各有纂述。然俗體訛濫，字義多乖。如『馬頭人爲長，』『人持十爲斗，』『虫者屈中，』『苛者止句』等，破壞形體，大背古訓。及許愼起而振之，作說文解字，據小篆，徵古籀，列部五百四十，條分縷析，集字書之大成，爲後學之津筏。自是眞草並作，形體漸漓。梁有顧野王之玉篇，唐有顏元孫之干祿字書，皆離篆而言體。至五代末，南唐徐氏兄弟，（鉉校說文並補注補音，鍇作說文繫傳，說文解字篆韻譜。）始治許書，方草創而未廣其傳。宋郭忠恕作汗簡，獨採古文，又作佩觿，備論六書形聲訛變之由。薛尙功獨鉤摹古器款識，訂譌攷異，具有辨證。張有作復古編，辨正俗體，皆有所長。至若戴侗之六書故，楊桓之六書統，皆體例龐雜，識者責其變亂字書。自餘元明人字書之作雖多，然鮮究許學。其專治說文者，又喜改併部居，（如周伯琦之說文字原，六書正訛，原於許書五百四十部，中增十七部，刪十七部，

·国学概论·
神州国光社
一九三二年版

又趙撝謙之六書本義，併許書五百四十爲三百六十。不免師心自用。清儒之治說文者，有王筠作說文釋例說文句讀，桂馥作說文義證，苗夔作說文建首字讀，尚不失爲墨守；惟段玉裁之說文解字注，規本原簪，發明通例，得其經脈，獨闢榛楛，爲發揚許學之功臣，研究六書之準則。此外如莊述祖之說文古籀疏證，吳大澂之說文古籀補，孫詒讓之古籀拾遺，則推本古籀，廣爲蒐采；阮元之積古齋鐘鼎款識，吳大澂之愙齋集古錄，則博徵古器，詳加詮釋。及近代甲骨文字發現，更得羅振玉之殷墟書契考釋，王國維之戩壽堂殷墟文字考釋，羅氏之書，實亦成於王氏。直追西周以前之文字而探其源，足爲小學上之新建設。

字音之學，託始於魏李登之聲類，始判清濁，分宮商，以五聲命字，不立諸部；晉呂靜仿之爲韻集，段宏李槪王該等續有箸述。齊周顒作四聲切韻，梁沈約作四聲譜，更揭四聲。隋陸法言與劉臻等八人同撰切韻，論音韻之南北是非古今通塞；唐孫愐本之而作唐韻，合四聲區二百六部，爲唐時通行韻本，今其書皆不傳。宋陳彭年等因切韻而專修廣韻。原本廣韻不著撰人名氏，但知以前有嚴寶文，裴務齊，陳道固三家之本，未知孰是。後有丁度集韻及戚綸等定禮部韻略，爲宋時程試功令；平水劉淵乃取而併之爲一百七部，是爲平水韻。元陰時夫撰韻府羣玉，又本平水韻而刪爲一百六部，卽近世通行之詩韻也。乃今韻行而古韻晦。宋吳棫作韻補，遂創叶音之說，明楊愼推本之而作古音略例等五書；至陳第作毛詩古音攷及屈宋音古義，根據古音以破之，於是古音之門徑復明。迨顧炎武之音學五書出，逐字以求古音，詳攷其流變沿革，極爲博覈。其後淸江永作古韻標準，分十三部戴震作聲類表，分九類段玉裁作六書音韻表，分十七部孔廣森作詩聲類，陰陽對轉各九，共十八類。嚴可均作說文聲類，據許書分十六類章炳麟作成均圖，分二十三部，大暢陰陽弇侈旁轉對轉交紐隔越之旨，最精洽。並爲後來言韻學之門徑。

字母之先，本緣反語，其事古卽有之；見顧炎武音論明用其法，則始於東漢之末。應劭注漢書地理志，以二字切一字之音。至魏祕書孫炎作爾雅音義，其法乃大行。如云胎大才反，台羊而反之類。隋顏之推家訓謂『徐先民毛詩古音反，「驟」爲「在遘」，左傳音切「椽」爲「徒緣」』是反一稱切；至唐末諱言反，又改稱翻。宋禮部韻略釋反切曰：『音韻展轉相協謂之反，兩字相靡成

·国学概论·
神州国光社
一九三二年版

聲謂之切，』實則一物無以別也，其後遂並舉而稱反切。反切以上一字發音，下一字收音。發音之字，必與所切之音同紐，名曰雙聲；收音之字，必與所切之字同韻，名曰疊韻。當反切初行時，惟取雙聲疊韻之字以爲譬況，尚無所謂標目；至陸法言作切韻，始立『東，冬，鐘，江』等字爲韻目。及唐沙門神珙創四聲五音九弄反紐圖，而唐末沙門守溫參依梵音，始立『見，溪，羣，疑』等三十六字爲聲母。——自是方有字母之稱。

字母既興，宋人乃取韻書之字依此三十六字母之次第而爲之圖，如司馬光之切韻指掌圖及失名之四聲等子，是謂等韻之學。元劉鑑參合二者而作經史正經切韻指南。而陳晉翁，吳澄，李如眞，方以智等數議增減。獨淸江永作音學辨微，審紐頗精；四聲切韻表，以歌訣攝等韻而歸之簡要，悉恪守字母，奉若科律。及錢大昕出，發明古音輕脣皆讀入重脣，舌頭皆讀入舌上二原則，援證通洽，啓迪至廣，並爲後來言字母者所宗本。

訓詁之事，始於東周，其時諸侯力政，文字異形，言語異聲，流轉既多，通情不易，於是以形，音義訓釋文字之事生。如孔子之釋王，士，韓非之釋公，私，以形訓者也；周易之釋乾，坤，孟子之釋庠，序，以音訓者也；老子之釋希，夷，公羊之釋京，師，以義訓者也。由是擴充，應用綦廣。後世如說文多本形訓；釋名多本音訓；一切經傳註疏多本義訓：所據雖殊，其大旨要在明義，而會其綱領爲訓詁之先導者，實爲爾雅。爾雅十九篇，不出一人之手。經典釋文以爲釋詁一篇周公所作；其他或言孔子所增，子夏所足，叔孫通所益，沛梁文所補，先儒迄無定論。清邵晉涵引證鄭君之言，謂爲孔子門人所作，以釋六藝之言，說最近古。大抵其書出於春秋戰國之際，會通方言，訓詁名物，至切當世之用。後人以其足以詁經，故列爲一經。晉郭璞爲之註，宋邢昺爲之疏，及清郝懿行作義疏，邵晉涵作正義，始臻賅博。

爾雅之後有方言，舊傳揚雄所作，然漢志不載，雄本傳亦未舉，故洪邁疑爲僞託；但劉歆嘗有書與雄求此書，且應劭而下，稱引日益多，則爲雄所作蓋無疑。其書詳於邦國名物言語之異同，多爲訓詁家所資藉。清戴震爲之疏證，錢繹爲之箋疏，並精洽。

·国学概论·
神州国光社
一九三二年版

稍後有劉熙釋名，由音求義，後人或議其不免牽合，然古音古制，亦時可推得之。及魏有張揖之廣雅，因爾雅舊目，博采漢儒箋注及三倉說義諸書以增廣之；隋曹憲爲之音釋，而避煬帝諱改名博雅；及清王念孫作廣雅疏證，遂集其成。餘如宋陸佃之埤雅，羅願之爾雅翼，皆依爾雅體例疏通經義。惟明朱謀㙔之駢雅，則取古書文句典奧者，聯二字爲一詞，駢異文爲同義，足爲掞藻之助。至若杭世駿之續方言，采經疏說文釋名之屬以補方言之遺，足裨訓詁。章炳麟之新方言，更因戴震轉語，推舉現在方言，多創通之義。各書並爲後來言訓詁者之門徑。

小學綱領，略具於上。治之之法，形體音韻不能偏廢，而後訓詁可得其眞。章炳麟曰：『大凡惑并音者多謂形體可廢，廢則言語道窒，而越鄉如異國矣；滯形體者又以聲音可遺，遺則形爲糟魄，而書契與口語益離矣。』斯言可爲治小學者之準則。

第二章 六書

六書者，造字之本也。其名始見於周官，而其說則詳於許愼。周官保氏六藝，『五曰六書』，鄭衆釋之云：『六書象形會意轉注處事假借諧聲也。』班固則釋爲『象形象事象意象聲轉注假借。』皆無說例以明之。獨許愼說文解字敍則爲之詳釋云：『一曰指事——視而可識察而見意，二二是也；二曰象形——畫成其物，隨體詰詘，日月是也；三曰形聲——以事爲名，取譬相成，江河是也；四曰會意——比類合誼，以見指撝，武信是也；五曰轉注——建類一首，同意相受，考老是也；六曰假借——本無其字，依聲託事，令長是也。』語簡而賅，遂成的詁。惟以其名稱次第與鄭班二說均有歧異，後世承學者遂各執是非以相詰。顧許氏博通五經，殫心文字，說文一書，獨開字書之生面，示後學之坦途，事既專門，語無率爾。故研文字者寧以許說爲正。今先就許說中釋其義，再論其名稱次第之所當，至諸家異說之著者間附見焉。

『二曰指事——視而可識，察而見意，二二是也。』指事之文，始用以記數，一二三之類是也。繼乃用爲意符，高低上下，空洞無象，實指難明，故假定平線爲界，而加記於其上下，使人視之而可識，其爲上下，察之而見上下之意，此蓋指事之正例。推至丨下上通也。●有所絕止而識之也。入內也，象從上俱下。乚匿也，象迟曲隱蔽形。厶姦衺也，韓非曰，倉頡作字，自營爲私。亼三合也，从∧一，象三合之形。中内也，从口，下上通也。八別也，象分別相背之形。之類，但屬意符，非爲物象者，皆純指事也。此外有合體指事者，就他文而施點畫符記以明意，如示天垂象見吉凶，所以示人也。从二，三垂，日月星也。叉手指相錯也，从又一，象叉之形。刃刀堅也，象刀有刃之形。寸十分也，人手卻一寸動𧖴謂之寸口，从又，从一。干犯也，从一，从反入。才艸木之初也，象丨上貫一，將生枝葉，一，地也。不鳥飛上翔，不下來也，从一，一猶天也，象形。至鳥飛从高，下至地也，从一，一猶地也，象形。之類是也。有變體指事者，就他文而施變置增損以明意，如冖覆也，从一下垂。匕變也，从倒人。廴長行也，从彳引之。夭屈也，从大，象形。幻相詐惑也，从反予。丰艸盛丰丰也，从生上下達。片判木也，从半木。歺列骨之殘也，从半冎。之類是也。

『三曰象形——畫成其物，隨體詰詘，日月是也。』象形之文，期於曲肖，故繚繞屈折，隨物狀形，非第造字之本，兼亦繪畫之基也。惟古文象形多肖，小篆則筆勢均整，

·国学概论·
神州国光社
一九三二年版

每易失眞。許書主小篆，故形體時不甚肖；幸有說解，可想像得之。如『日』字云：『日，實也，太陽之精不虧，从〇一，象形。』『月』字云『月，闕也，太陰之精，象形。』則其正圓半規之形著矣。此蓋象形之正例。推至山川，艸木，魚，鳥，鼎，鬲之類，用狀物體，皆純象形也。此外有合體象形者，一形未足以明，則加他體或同類之字以象之，如眉目上毛也，从目，象眉之形，上象頟理也。谷口上阿也，从口，上象其理。石山石也，在厂之下，口，象形。田陳也，樹穀曰田，象形，口，十千百之制也。臼春臼也，象形，中象米也。巢鳥在木上曰巢，在穴曰窠，从木，象形。果木實也，从木，象果形，在木之上。桼木汁可以髹物，从木，象形，桼如水滴而下也。之類是也。有變體象形者，就他象形文而變置減省以象之，如尸陳也，象臥之形。県到首也，賈侍中說此斷首到縣県字。丸圜傾側而轉者，从反仄。乚鉤識也，从反亅。卂疾飛也，从飛而羽不見。𠂤小阜也，象形。虍虎文也，象形。烏孝鳥也，象形。之類是也。至鄭樵論象形有十形六象之分，說甚支離，今不取。

『三曰形聲——以事爲名，取譬相成，江河是也。』形聲之字，皆爲合體，以一體定其事類，以一體況其聲音，使人觀之而知其形，讀之而得其聲，二體相資，不可偏舉。文字孳乳，以此而繁。如江河皆屬水之別名，但呼江者則以工爲聲，呼河者則以可爲

·国学概论·
神州国光社
一九三二年版

聲，此蓋形聲之正例。推之凡百事物，皆有別名，如艸有蘋藻；木有桃李；魚有魴鱧；鳥有鶉鵠；心有悅怒；言有詔謗；弓有弛張；門有闔闢；若斯之類，不暇僂數，皆純形聲也。此外有二形一聲者，如碧从玉石，白聲；有一形二聲者，如䜌从韭，次朿皆聲；有二形二聲者，如竊从穴米，廿卨皆聲；有省形者，如良从亯省，亾聲；筋从筋省，勺聲；有省聲者，如家从宀，豭省聲；赴从走，仆省聲；等於義無變，於體無歧，皆形聲之正例也。此外有聲而兼義者，如吏（治人者也，从一，从史，史亦聲。）禮（履也，所以事神致福也，从示，从豊，豊亦聲。）琥（發兵瑞玉，爲虎文，从玉，从虎，虎亦聲。）苷（甘艸也，从艸，甘聲。）聲因義起，義與聲融，皆形聲之變例也。至賈公彥疏周禮六書注，分形聲爲左右上下內外六等，說甚拘牽，今亦不取。

「四曰會意——比類合誼，以見指撝，武信是也。」會意之字，亦皆合體，其異於形聲者：形聲則一體主聲；會意則諸體皆義也。蓋事窮於指象，而徒聲又不足以定名，則會意之法生焉。或會二體，或會多文，要皆合之以明意向。偏去其一，則義不可見矣。如武之義爲定功戢兵，故从止戈；信之義爲誠，故从人言。止之與戈，人之與言，意本各具；止與戈比，人與言合，則見意矣。此蓋會意之正例。推至臼辰爲晨，丮夕爲夙，日在木中爲東，人持戈爲戍，乃二體會意；示人口爲祝，力肉竹爲筋，禾入水爲黍，人毛匕爲老，乃三體會意；日出廾米爲暴，人口又二爲亟，乃四體會意；臼缶冖鬯彡爲鬱，乃五體會意；臼月冖林又火爲爨，乃六體會意。又如重夕爲多，並束爲棘，三日爲晶，四屮爲茻，乃重體會意；止少相背爲步，夂午相承爲夅，乃對體會意。他如孝从老省从子，垔从土从留省，攸从人从攴从水省，繭从糸从虫从芇省，乃省其一體，而仍不害爲會意，皆會意之正例也。此外有兼指事者，如嵒从品相連，畫成聿田四界；有兼象形者，如夬从又屮，血从皿一；有兼聲者，則與形聲兼義者略同，而輕重稍別，皆會意之變例也。

『五曰轉注——建類一首，同意相受，考老是也。』轉注之事，起於語言有時地之差，一義殊音，循音立字，音相通轉，義相灌注，蓋合形音義三者而孳乳者也。如老之一義，或出丂聲，本老爲端，制考相會。故老眩考訓，義互受而無殊；考自老生，音稍別而仍近。此蓋轉注之正例。推至諷誦，意志，標杪，蓨苗，爲疊韻同意；讙譁，恖悉，竅空，照焯，爲

·国学概论·
神州国光社
一九三二年版

雙聲同意；卽不同部居者如士事，丯蔡，敺摧，但裼，音訓既同，亦轉注之例也。顧後儒於許君義例，未能瞭然，遂至異說橫滋，自晉迄清，無慮數十。約其大意，凡有數歧：有以變形當之者，如裴務齊之所謂左回右轉，戴侗，周伯琦之所謂反正文是也；有以轉聲當之者，如張有，趙古則，楊愼，吳元滿等之所謂展轉其聲注釋他字是也；有以平仄遞轉當之者，如朱謀㙔，顧炎武等是也；有以累文當之者，如楊桓，劉泰，廖平等是也；有以引申當之者，如江永，朱駿聲等是也；有以分部相从當之者，如江聲，許宗彥等是也；有以互訓當之者，如戴震，段玉裁，王筠是也；有以同部同義當之者，如徐鍇，曹仁虎是也：諸說或謬或偏，學者各有從違。而要以章炳麟之說爲通覈，大致謂『類爲聲類，首爲語基；經以同訓，緯以聲音』蓋會前人之是而去其非矣。

『六曰假借——本無其字，依聲託事，令長是也。』假借之事，起於名物漸繁，不及制字，卽假音近之字託其義而用之。其法與轉注適相反：轉注一義生數字；假借則一字攝數義也。如令，發號也，从亼卪，此本義也；既乃引申爲令善，又借以爲縣令。長久遠也，从兀从匕，兀者高遠意也，久則變化，亾聲，𠫓者倒亾也，此本義也；既乃引申爲長老，又借以爲縣長。此蓋假借之正例。推至止爲下基，引申以爲足，爲息；自爲鼻，引申以爲始，爲己；麗爲旅行，引申以爲耦，爲附，爲靡；能爲熊屬，引申以爲傑，爲忍，爲可：此引申本字而別成其義也。又如而爲頰毛，假以爲緩辭；㞢爲艸出，假以爲發聲；焉爲黃鳥，假以爲絕語；雖爲蜥蜴，假以爲假令：此譬況口語而依託其聲也。此皆假借之正例也。他如荅爲小艸，假以爲應對；叔爲拾取，假以爲叔父；孚爲伏卵，假以爲信實；舊爲鴟舊，假以爲故舊：是由語音小變，因借別字，久之竟奪本義，此假借之變例也。至若今古異文，經傳通用。如ナ又作左右，𢝊㤅作憂愛，气作氣，氣又作餼，歬作前，前又作翦，則皆後世用字之訛，而非古昔本無其字，不得混假借之例矣。

六書之義例既明，今進論其名稱與次第：

象形，轉注，假借三名，鄭，班，許三家皆同。指事一名，鄭作處事，班作象事。賈疏以爲『人在一上爲上，人在一下爲下，各有其處，事得其宜，故名處事也。』其實上下並不

·国学概论·
神州国光社
一九三二年版

从人;鄭之所謂『處』者處理之意,非謂位處。(黃以周云,處事者,處其象形之窮也。)然上下,事也,以點畫記之,指也。意有所託,指而出之,使人可識可見,徵之指事諸文,皆有指示之意。與其言處,不若言指之爲明。至云『象事』,似較近之。然形可象也,事無以象,則指之爲當。故指事之名,斷從許書。

形聲一名,鄭作諧聲。(戴侗江聲從之。而又改爲諧,然諧合,諧樂,義本有殊,不宜混一。)班作象聲。孔廣居曰:『合一字言之,則謂之象聲,形聲;專指其半言之,則謂之諧聲。』段玉裁曰:『其字半主義,半主聲;半主義者,取其義而形之;半主聲者,取其聲而形之,不言義者,不待言也。』其實形聲之義,許書最明。以事爲名,字之形也;取譬相成,則字之聲也。專指其半,固不合,果合一字言之,象聲亦不若形聲之爲確。故形聲之名,亦斷從許書。

會意一名,鄭與許同,惟班作象意。會意諸字,皆由比類合誼而成,必合二體以上言之,不能偏舉其意。與其言象,不若言會之爲該。故會意之名,亦斷從許書。

六書次第,鄭,班,許三家各殊。鄭說:一象形,二會意,三轉注,四處事,五假借,六諧聲。

賈公彥因之。班說：一象形，二象事，三象意，四象聲，五轉注，六假借。徐鍇說文繫傳，周伯琦說文字原張有復古篇，王筠說文釋例因之許說：一指事，二象形，三形聲，四會意，五轉注，六假借。趙宧光說文長箋，段玉裁說文解字注，楊錫觀六書例解因之。按指事象形爲文，形聲會意爲字，文先於字；事無可疑。文字俱興，通以轉注，變以假借，二者居後，理亦不易。鄭以會意先處事，轉注假借先處事諸聲，凌亂失序。徐段諸氏論之已詳，無煩申駮。惟班許二次，大同小異。班以形先事，以意先聲，許則反之。論者多謂六書起於象形，徐鍇說有物然後有事，王筠說無形事可象則會其意，無意義可會則諧其聲。孔廣居說實則推諸古人造字之先後，則許氏所次，確不可移。夫畫卦造文，皆起於一。易緯乾鑿度云：『易始於一。』老子云：『道生一，一生二，二生三，三生萬物。』說文云：『惟初太極，道立於一，造分天地，化成萬物。』蓋一也者，卦之端，數之基，文之始也。當夫渾沌未形，不可爲象，則姑以一識之，法至簡樸也。故在上則爲天，在下則爲地，一既爲指事之本，上下又分別其位而指之；及至詰詘成形，以象萬物，則進趨繁巧，事固後矣。此指事之所以宜先象形也。若夫聲意先後，亦屬自然。夫文字之作，依乎語言；語言之興，本諸

·国学概论·
神州国光社
一九三二年版

名物。循聲立字，其事直而易；比文合意，其事曲而難。先後步趨，灼然可見。顧或謂形聲十居七八，會意僅及千名；又以肘从寸肉會意，而紂酎从肘省聲，以證會意居先。不知惟形聲之法直而易，故孳乳獨繁，不無後會意而成者；然會意字之自形聲來者亦殊不少。如言部首从口辛聲，而言部會意字如信誩設計之類，其後可知也；支部首从又卜聲，而支部會意字如敕寇畋牧之類，其後可知也。此形聲之所以宜先會意也。故六書次第，亦斷從許書。此外意爲上下者，尙有鄭樵通志六書略，以象形指事會意轉注諧聲假借爲次，陳彭年重修廣韻後，以象形會意諧聲指事假借轉注爲次，楊桓六書統，以象形會意指事轉注諧聲假借爲次，戴侗六書故，以指事象形會意轉注諧聲假借爲次，率偏執不足論。

六書有三耦之說，發自徐鍇。其說以象形指事爲一耦；會意諧聲爲一耦；轉注假借爲一耦。蓋自字體作用言之：有形必有事，象形指事，事與形耦也；有義必有音，會意諧聲，義與音耦也：或從義而長，或從音而長，轉注假借，又以其長者爲耦也。自制字先後言之：依類象形謂之文，象形指事其最古者也；形聲相益謂之字，會意諧聲其後益者也；字孳乳而寖多，轉注假借又其後所多者也：此徐氏之旨也。難者以爲象形應與形聲爲類，指事應與會意爲類：其說未堅，不足以折徐氏。

六書有四體二用之說，發自戴震，申於段玉裁。其說以指事象形形聲會意四者字之體也；轉注假借二者字之用也。蓋謂有四者而字形盡；字各有音而字音盡；轉注異字同義，假借異義同字，二者所以包羅自爾雅以下一切訓詁音義而非謂字形：此戴段之旨也。難者以爲班氏明言『六書者造字之本』，轉注建類一首，卽孳乳之方，固爲造字無疑；卽假借之依聲託事，用舊卽等於造新，亦非後世同聲訛借之比：其說推本班氏，足理其蔽。

六書有君臣佐使之說，發自王鳴盛。其說以爲指事君也；象形臣也；形聲會意轉注佐也；假借使也。蓋以一二上下等字居最先，故爲君；日月山水等字助指事所不及，如居宰輔之任，助君布政，故爲臣；形不足盡，則半形半聲以佐之；無形而但有意者則會意以佐之；又不能盡，則凡同意者半意半聲以佐之；三者如衆小臣之遞佐大臣；猶不足給，則依聲託事，惟人意所驅而使之：此王氏之旨也。難者以爲象形宜爲君，指事宜爲臣，轉注假借，佐則俱佐，使則俱使：其說與王氏同其糾紛。

此外尚有江聲貳正之說，以象形會意諧聲三者爲正，指事轉注假借三者爲貳：謂指事統於形，轉注統於意，假借統於聲。然指事爲文字之初原，其用較象形爲廣，謂統於形而爲之貳，於義未洽。總之：六書興起雖有後先，然既同爲造字之本，同列保氏之教，則厥用維均，正無庸强分軒輊也。

·国学概论·
神州国光社
一九三二年版

第三章 音韻

音韻二名，起非一時，音先而韻後。秦漢以前，言音不言韻。說文：『聲生於心，有節於外謂之音，從言含一。』詩序曰：『情發於聲，聲成文謂之音。』箋云：『聲爲宮商角徵羽；聲成文者宮商上下相應。』此所謂音，卽今之所謂韻也。古無韻字，惟通作均。其見於箸述者如：成公綏嘯賦：『音均不恆，曲無定制，』李善注：『均，古韻字也。』鶡冠子云：『五聲不同均。然其可喜一也。』晉書律曆志曰：『凡音聲之體，務在和韻，益則加倍，損則減半。』宋書律志曰：『後漢至魏，尺度漸長於古四分有餘，杜夔依爲律呂，故至失韻。』所謂和韻失韻，皆謂樂律之均。晉陸機文賦曰：『采千載之遺韻，』則又指文章之聲調。文心雕龍稱『魏武論賦，嫌於積韻，而善於資代，』似此學已興。然李登箸書，猶名『聲類；』晉呂靜仿作始名『韻集。』又晉灼注子虛賦『罷池陂陀，下屬江河，』謂『文章假借，協陀之韻，』始以屬諸文字之音韻。若徐鉉說文新附始有

『韻，和也，從音員聲』之解，抑已晚矣。

音韻之學，凡分三部：一古韻，二今韻，三等韻，今分述之：

古韻者，造字之本音也。六書之教，形聲居一。許氏所謂『取譬相成，』以聲爲譬，卽韻之作用也。自虞廷賡歌，迄三百篇，歷千餘年其韻脗合。孔子贊易，其韻始微異於詩。屈原辭賦多同易翼，知周末之韻已稍變古。劉勰所謂『楚辭辭楚，訛韻實繁』是也。自是更漢晉南北朝隋唐，聲讀轉易，殆難窮詰。自沈重毛詩音義始爲叶韻之說，（見經典釋文引）後顏師古注漢書，李善注文選，並襲用之。後人遂以叶韻爲隨意轉讀之法，而不復問其本音。明陳第曰：『說者謂自五胡亂華，驅中原之人入於江左，而河淮南北，間雜夷言，聲音之變，或自此始。然一郡之內，聲有不同，繫乎地者也；百年之中，語有遞轉，繫乎時者也；況有文字而後有音讀，由大小篆而八分，由八分而隸，凡幾變矣，音能不變乎？所貴誦詩讀書，尙論其當世之音而已』此論可明古今音韻之必有轉易，而不煩假叶矣。

·国学概论·
神州国光社
一九三二年版

古韻專書以宋吳棫所箸爲最先。有毛詩補音，楚辭釋音，韻補等書，悉爲古音而作。其存者惟韻補五卷，就廣韻二百六部注古通某，古轉聲通某，古通某或轉入某，泛取旁搜，無所持擇。如上平注文殷元魂痕通眞，桓寒刪山通先；下平忽注侵通眞，覃談咸銜通刪，鹽沾嚴凡通先，皆不免臆說失眞。至其根據本文，推求古讀，尙能互較，粗得大凡，其開徑之功良不可沒。

次則明楊愼箸古音叢目，古音獵要，古音餘，古音附錄，古音略例等書。皆仿吳棫之例，以今韻分部，而以古音相叶者分隸之。然瑕瑜互見，條理多欠精密。如周易渙六四丘思韻，无妄六三災牛韻，繫辭易知簡能韻，以丘古音期，牛古音尼，能古音奴來切也。愼於叢目支韻丘字下但注云『詩』，牛字下但注云『楚辭』，能字下並不注出典；又繫辭『神而化之，使民宜之』，愼於叢目五歌韻內，既知宜字爲牛何切，下注云『易』，而化之爲毀禾切，則但注云『見楚辭』，皆未探本原，隨意捃摭。又古音多即本讀，非可隨意諧聲，展轉分隸，如江韻之江窗雙腔四字，獵要皆收入東韻，是也；而叢目又以東韻之紅，冬韻之封龍三字收入江韻，不免本末倒植。其古音略例取易，詩，禮記，楚辭，老，莊，荀，管諸子韻語以標例。若易例日昃之『離』音羅，與歌嗟韻；三歲不『覿』音徒谷切，與木谷韻，並受其『福』音偪，與食汲韻；吾與爾『靡』之音磨，與和韻；皆與古音相合。詩例惟參與『昴』，愼據史記天官書徐邈音旄，下文『裯』音調，『猶』音搖，亦有所據。又論吳棫叶讀之非，謂『棫於詩「母氏劬勞」，勞必叶僚，「我思肥泉兹之永歎」，歎必叶他涓切，「出自北門」，門必叶眉貧切，「四牡有驕」，驕必叶高，不思古韻寬緩，如字讀自可叶，何必勞脣齒，費簡册？』其論與陸德明所謂『古人韻緩不煩改字』之意相合。至其蔽者如老子『資財有餘，是謂盜夸』，愼改夸爲竽，謂方與餘叶，不知夸之古音正讀如枯；又易『晉晝也，明夷誅也』，及莊子『竊鉤者誅，竊國者爲諸侯』，愼謂誅爲之由切，與晝，侯相叫，不知晝之古音正讀如註，侯之古音正讀如胡；又易林『蜘蛛之務，不如蠶之綸』，愼讀務爲蝥，綸爲鉤，不知綸之古音正讀如俞。均屬齊之以末。至其轉注古音略，誤以一字轉數音者爲轉注，則沿宋張有之誤，不足

·国学概论·
神州国光社
一九三二年版

深辨。

繼楊氏而起者爲陳第，箸毛詩古音攷及屈宋古音義，於是古音之學，榛蕪悉闢。其毛詩古音攷大旨以爲：『古人之音原與今異。凡今所稱叶韻，皆卽古人本音，非隨意改讀，展轉遷就。如母必讀米，馬必讀姥，京必讀疆，福必讀偪之類，歷攷諸篇，悉截然不紊。又左國易象，楚辭，秦碑，漢賦，以至上古歌謠，箴，銘，頌，贊，往往多與詩合，可以互證。』於是排比經文，參以羣藉，定爲本證旁證二條，鉤稽參驗，本末秩然。所列四百四十字，言必有徵，典必探本，視他家執今韻部分妄通古音者遠勝矣。其屈宋古音義，取屈原離騷等二十五篇去天問，又取宋玉九辯，招魂，益以高唐，神女，風，好色四賦共三十八篇中韻與今異者二百三十四字，各推其本音而與毛詩古音攷互相發明。

清儒精韻學者，當推顧炎武，江永。顧氏箸音學五書：一曰音論三卷，共十五篇。上卷三篇——一古曰音今曰韻，二韻書之始，三唐宋音譜異同；中卷六篇——一古人韻緩不煩改字，二古詩無叶音，三四聲之始，四古人四聲一貫，五入爲閏聲，六近代入

·国学概论·
神州国光社
一九三二年版

聲之誤；下卷六篇——一六書轉注之解，二先儒兩聲會義之說不盡然，三反切之始，四南北朝反語，五反切之名，六讀若某悉皆引據古說相證，持論精博，蓋五書之綱領也。二曰詩本音，卽主陳第之說以明古音原讀非由遷就，南宋以來叶讀之謬論至是廓清。三曰易音，卽周易以求古音，其音往往與詩異，亦或往往不韻；故所注凡與詩音不同者，皆以爲偶用方言，其不韻者則闕焉。四曰唐韻正，逐字求古音以正唐韻之訛，或移入，或移出，體例明密；惟唐韻本非言古韻之書，聲隨世變，是變非訛；以云『正』則過耳。五曰古音表，凡分十部——一東冬鍾江，二支脂之微齊佳皆灰咍，三魚虞模侯，四眞諄臻文殷元魂痕寒桓删山先仙，五蕭宵肴豪尤幽，六歌戈麻，七陽唐，八庚耕清靑，九蒸登，十侵覃談鹽添咸銜嚴凡，皆以平聲爲部首，而三聲隨之，其移入之字與割併之部，卽附見其中，惟入聲割裂變亂，論者多有異同耳。此外尙有韻補正一書，則專糾吳棫之誤叶古音及今韻之誤通，持論平實，足爲五書之輔。

江永箸古韻標準，以三百篇爲主，謂之詩韻，而以周秦以下音之近古者附之，謂之補韻，視諸家界限較明，其駁正顧氏詩本音處頗多。韻分平上去聲各十三部，入聲八部——一東冬鍾江，二支脂之微齊佳皆灰咍，分尤韻字。三魚虞模，分麻韻字。四眞諄臻文殷魂痕，分先韻字。五元寒桓删山先仙，六蕭宵肴豪，七歌戈麻，分支韻字。八陽唐，分庚韻字。九庚耕青清，十蒸登，十一尤侯幽，分虞蕭宵肴豪五韻字。十二侵，分覃談鹽三韻字。十三覃談鹽添嚴咸銜凡；入聲一屋沃燭覺，二質術櫛物迄沒，分屑薛二韻字。三月曷末黠鎋屑薛，四藥鐸，分沃覺陌麥昔錫六韻字。五麥昔錫，六職德，分麥韻字。七緝，分合葉洽三韻字。八合盍業怗洽狎乏。每部首先列韻目，其歧分者曰『分某部韻』，本不通而有字當入此部者曰『別收某韻』。古韻之有條理者當以此書爲最。

江氏弟子戴震作聲類表，分九類——一歌魚鐸之類，二蒸之職之類，三東尤屋之類，四陽蕭藥之類，五庚支陌之類，六眞脂質之類，七元月之類，八侵緝之類，九覃合之類；一類皆收喉音，二至五類皆收鼻音，六七類皆收舌齒音，八九類皆收脣音。

其後段玉裁作六書音均表，自謂補三家部分之未備，釐平入相配之未確，定爲

·国学概论·
神州国光社
一九三二年版

十七部——一之咍，入聲職德屬之。二蕭宵肴豪，三尤幽，入聲屋沃燭覺屬之。四侯，五魚虞模，入聲藥鐸屬之。六蒸登，七侵鹽添，入聲緝葉怗屬之。八覃談咸銜嚴凡，入聲合盍洽狎業乏屬之。九東冬鍾江，十陽唐，十一庚耕清青，十二眞臻先，入聲質櫛屑屬之。十三諄文欣魂痕，十四元寒桓刪山仙，十五脂微齊皆灰，入聲術物迄月沒曷末黠鎋薛屬之。十六支佳，入聲陌麥昔錫屬之。十七歌戈麻。其分部與前異處：之咍與脂微齊皆灰及支佳分而爲三；尤幽與侯分而爲二；眞臻先與諄文欣魂痕分而爲二。平入分配異處：職德舊配蒸登，今屬之咍；屋沃燭覺舊配東冬鍾，今屬尤幽；藥鐸舊配陽唐，今屬魚虞模；術物迄月沒曷末黠鎋薛舊配諄文欣元魂痕寒桓刪山仙，今屬脂微齊皆灰；陌麥昔錫舊配庚耕清青，今屬支佳。諸分析處皆根據古音更變舊說，戴氏亦歎服之。

孔廣森作詩聲類，又析東冬爲二，共十八類，而陰陽對轉。陽聲凡九——一原，二丁，三辰，四陽，五東，六冬，七侵，八蒸，九談；陰聲凡九——一歌，二支，三脂，四魚，五侯，六幽，七宵，八之，九合。丁辰通用，支脂通用，冬侵蒸通用，幽宵之通用，

及嚴可均作說文聲類，據許書九千四百五十三字，以聲爲經，以形爲緯，以韻分字，以子繫母，分十六類：上篇——一之，二支，三脂，四

歌，五魚，六侯，七幽，八宵下篇——一蒸，二耕，三眞，四元，五陽，六東，七侵，八談。並推本江氏，各闢蹊徑。至章炳麟之成均圖出，發明陰陽弇侈對轉旁轉交紐隔越之故，遂集此學之大成，說詳其所箸文始，不備舉。

今韻者，隋唐以來歷代詩家承用之譜也。自魏李登撰聲類十卷，凡一萬一千五百二十字，始以五聲命字；見唐封演聞見記 晉呂靜仿之爲韻集五卷，宮商角徵羽各一篇，書均不傳。至齊梁間，乃興四聲。南齊書陸厥傳云：『永明末，盛爲文章，吳興沈約，陳郡謝朓，瑯琊王融，以氣類相推轂；汝南周禺善識聲韻。約等文皆用宮商，以平上去入爲四聲，以此制韻，不可增減，世呼爲永明體。』梁書沈約傳云：『撰四聲譜，以爲在昔詞人累千載而不寤，而獨得其胸襟，窮其妙旨，自謂入神之作。高祖雅不好焉，嘗問周捨曰：「何謂四聲？」捨曰：「天子聖哲是也。」然帝竟不遵用。』然約書亦不傳。隋以前韻書見於隋書經籍志者，有周研聲韻等十一種，皆亡。 隋時有陸法言作切韻五卷，凡一萬二千一百五十八字，書今不傳，惟大略尚見於廣韻所載法言自序。序云：昔開皇初，有儀同劉臻等八人（劉臻，顏之推，魏淵，盧思道，李若，蕭該，辛德源，薛道衡）同詣法言門

·国学概论·
神州国光社
一九三二年版

宿，論及音韻。以今聲調既自有別，諸家取舍亦復不同。吳楚則時傷輕淺；燕趙則多傷重濁。秦隴則去聲爲入；梁益則平聲似去。又支脂魚虞共爲一韻，先仙尤侯俱論是切。欲廣文路，自可淸濁皆通；若賞知音，卽須輕重有異。呂靜韻集，夏侯該韻略，陽休之韻略，周思言音韻，李季節音譜，杜臺卿韻略等，各有乖互。江東取韻，與河北復殊。因論南北是非，古今通塞。欲更擽選精切，除削疏緩，蕭顏多所決定。魏著作謂法言曰：嚮來論難，語乂盡適，何不隨口記之？我輩數人定則定矣。法言卽燭下握筆，略記綱紀，博聞英辯，殆得精華。於是更涉餘學，兼從薄宦，十餘年間，不遑修集。今反初服，遂取諸家音韻，古今字書以前所記者，定爲切韻五卷。

此書至唐時，屬文之士共苦其苛細。許敬宗等以其韻窄，奏合用之。爾後孫愐作唐韻。增爲四萬二千三百八十三字，書亦不傳，惟大略亦見廣韻所載愐自序。序略云：陸生切韻盛行於世，然隨珠尙纇，虹玉仍瑕，注有差錯，文復漏誤。若無刊正，何以討論？輒罄謏聞，敢補遺闕。兼習諸數，具爲訓解。州縣名號，亦據今時字體。从木从才，著彳著亻，施殳施攴，安亦安禾，並悉具言，庶無紕繆。其有異聞奇怪傳說，姓氏原由、土地物產，山河草木，鳥獸蟲魚備載其間，皆引憑據，隨韻編記，添彼數家，勒成一書，名曰唐韻，蓋取周易周禮之義也。唐人韻書，又有玄宗御撰韻英五卷，舊韻四百三十九，新加一百五十一，合五百九十韻，一萬九千一百十七字。又顏眞卿撰韻海鏡源五百卷，封演聞見記謂三百六十卷，宋志僅著十六卷。其始末惟見顏集杼山妙喜寺碑。略謂眞卿自典校時，卽著五代祖隋外史府君與法言所定切韻，引說文蒼雅諸字書，窮其訓解。次以經史子集中兩字以上成句者，廣而編之，故曰韻海；以其鏡照源本，無所不見，故曰鏡源。守平原時成二百卷。屬安祿山作亂，止其四分之一。及刺撫州，增廣成五百卷。大曆壬子，刺湖州，與沙門法海等十九人討論，來年春遂終事。餘如唐志所著錄者，有趙氏韻篇，陸慈切韻，蕭鈞韻英，武元之韻銓，李舟切韻，僧猶智辨體補修加字切韻等書，並皆亾失。

今韻書存本之最早者惟廣韻。廣韻有三本：一爲雍熙廣韻一百卷，宋太宗命句中正所定，書已不傳；二爲原本廣韻五卷，不著撰人名氏，永樂大典引之，皆曰陸法言廣韻，殆因陸書舊部而用其名；三爲重修廣韻五卷，原題切韻，眞宗祥符間，命陳彭年丘雍等因法言韻，就爲刊益，凡二萬六千一百九十四字，其注較原本加繁。二書皆分二百六部：

上平——一東　二冬　三鍾　四江　五支　六脂　七之　八微　九魚　十虞　十一模　十二齊　十三佳　十四皆　十五灰　十六咍　十七眞　十八諄　十九臻　二十文　二十一殷（宋諱作欣）　二十二元　二十三魂　二十四痕　二十五寒　二十六桓　二十七刪　二十八山

下平——一先　二仙　三蕭　四宵　五肴　六豪　七歌　八戈　九麻　十陽　十一唐　十二庚　十三耕　十四清　十五靑　十六蒸　十七登　十八

·国学概论·
神州国光社
一九三二年版

尤 十九侯 二十幽 二十一侵 二十二覃 二十三談 二十四鹽 二十五
添 二十六咸 二十七銜 二十八嚴 二十九凡

上聲——一董 二腫 三講 四紙 五旨 六止 七尾 八語 九麌
十姥 十一薺 十二蟹 十三駭 十四賄 十五海 十六軫 十七準 十八
吻 十九隱 二十阮 二十一混 二十二很 二十三旱 二十四緩 二十五
潸 二十六產 二十七銑 二十八獮 二十九篠 三十小 三十一巧 三十
二皓 三十三哿 三十四果 三十五馬 三十六養 三十七蕩 三十八梗
三十九耿 四十靜 四十一迥 四十二拯 四十三等 四十四有 四十五厚
四十六黝 四十七寑 四十八感 四十九敢 五十琰 五十一忝 五十二豏
五十三檻 五十四儼 五十五范

去聲——一送 二宋 三用 四絳 五寘 六至 七志 八未 九御
十遇 十一暮 十二霽 十三祭 十四泰 十五卦 十六怪 十七夬 十八

隊 十九代 二十廢 二十一震 二十二稕 二十三問 二十四焮 二十五願 二十六慁 二十七恨 二十八翰 二十九換 三十諫 三十一襇 三十二霰 三十三線 三十四嘯 三十五笑 三十六效 三十七號 三十八箇 三十九過 四十禡 四十一漾 四十二宕 四十三映 四十四諍 四十五勁 四十六徑 四十七證 四十八嶝 四十九宥 五十候 五十一幼 五十二沁 五十三勘 五十四闞 五十五豔 五十六㮇 五十七陷 五十八鑑 五十九釅 六十梵

入聲——一屋 二沃 三燭 四覺 五質 六術 七櫛 八物 九迄 十月 十一沒 十二曷 十三末 十四黠 十五鎋 十六屑 十七薛 十八藥 十九鐸 二十陌 二十一麥 二十二昔 二十三錫 二十四職 二十五德 二十六緝 二十七合 二十八盍 二十九葉 三十怗 三十一洽 三十二狎 三十三業 三十四乏

稍後有集韻，爲仁宗景祐四年命丁度，李淑等所撰集；至英宗治平時，司馬光繼纂其職，書始告成。其書務從賅廣，凡五萬三千五百二十五字，新增二萬七千三百三十一字，分十卷。併廣韻之窄者十三處，許令附用。又删其注文之冗者，頗見體裁，至其兩收之字，或義同音異，或音義皆别者，亦並删之，則難以遽明；又多列重文，兼存籀篆，不辨雅俗，則近蕪雜，亦其病也。故與廣韻互有長短，今猶並存焉。

宋人程試之書，有景德韻略，爲景德四年戚綸等就切韻（卽廣韻）略取要字備禮部科試，與切韻同日頒行。蓋廣韻與韻略，卽當時詳略二書也。後景祐間更刊修廣韻稱集韻；刊修韻略稱禮部韻略，遂又爲此時詳略二書矣。然韻略收字過狹，每漏常用之字。元祐以後，屢有人奏請增收。嗣南宋有淳熙禮部韻略，官本今已不傳；通行者題曰『附釋文互註禮部韻略』，又有毛晃增修互註禮部韻略五卷，皆就韻略蒐採增附。至楊伯喦九經韻補一卷，拾九經字補入韻略七十九字；郭守正增修校正押韻釋疑，於通用代諱諸疑解釋甚明，皆私家所撰韻書未經行用者也。

·国学概论·
神州国光社
一九三二年版

稍後有江北平水劉淵，於淳祐十二年新刊禮部韻略，增四百三十六字，併通用之韻爲一百七部，（上平十五，下平十五，上聲三十，去聲三十，入聲十七。）後人議其『師心變古，一切改併，攷之於古無一合。』蓋韻書至此爲一大變。至元代陰時夫中夫兄弟撰韻府羣玉，又於淵一百七部中併上聲拯以入迥，爲一百六部，卽近世通行之詩韻也。最後有洪武初宋濂等奉敕纂修之正韻，誤以爲法言以來之韻皆沈約作，謂『約爲吳音，應以中原音韻更正其失』，併二百六部爲七十六，（平上去三聲各廿二，入聲十）於是東冬互混，江陽不分，韻學大亂，故其書終不得行。

等韻者，中國幷音之學也。其事初原於反切。顏氏家訓曰『鄭玄注六經，高誘解淮南呂覽，許愼造說文，始有譬況假借以證音字，而古語與今殊別，其間輕重清濁，猶未可曉。加以內言，外言，急言，徐言，讀若之類，益使人疑。孫叔然創爾雅音義，是漢末人獨知反語。至於魏世，此事大行。高貴鄉公不解反語，以爲怪異。自茲厥後，音韻鋒出，各有土風，遞相非笑，共以帝王都邑，參校方俗，爲之折衷。』陸德明經典釋文敘錄及張守節史記正義論例。並同此說。然攷陸氏釋文爾雅音義『宲』字下云『李巡孫炎並七代反；樊光七在反』『汔』字下云『樊孫虛乙反』『僂』字下云『樊孫如羊反』樊光李巡皆註爾雅，時皆不後於孫，可見用反切者不獨孫炎。其後魏王弼注周易，吳薛綜注二京賦，韋昭注國語，皆有反切。至晉郭璞注爾雅，徐邈李軌劉昌宗等作諸經音訓，見於陸氏書者，更多用反切矣。

反切雖起於漢末，而其事古卽有之。宋沈括云：『古語已有二聲合爲一字者，如不可爲叵，何不爲盍，如是爲爾，而已爲耳，之乎爲諸。』鄭樵云：『慢聲爲二，急聲爲一：慢聲爲者焉，急聲爲旃。慢聲爲者歟，急聲爲諸。慢聲爲而已，急聲爲爾。慢聲爲之矣，急聲爲只。』顧炎武更攷之經傳，謂不止此。舉蒺藜爲茨，丁寧爲鉦，僻倪爲陴，奈何爲那，和同爲降，句瀆之丘爲穀丘，邾婁爲鄒，終葵爲椎，大祭爲禘，不律爲筆等例（見音論）以明反語之由來。又舉北齊濟南王初學反語，於跡字下注云『自反』，遂推及矢引爲矧，女良爲娘，舍予爲舒，手延爲挺，目亾爲盲，目少爲眇，侃言爲諐，欠金爲欽等字，以明古

·国学概论·
神州国光社
一九三二年版

人形聲字卽寓反語之法。又舉南北朝人雙反，韻家所謂正紐倒紐，如史所載晉孝武帝作淸暑殿，反淸暑爲楚聲；宋袁粲舊名袁愍，反爲隕門；劉悛舊名劉忱，反爲臨讎；齊世祖立舊宮，反曰窮廄；文惠太子立樓曰東田，反爲顚童；梁武帝立同泰寺，開大通門，取反語以協同泰；陳後主名叔寶，反爲少福；北齊劉逖請改元爲武平，反爲明輔；隋文帝謂楊英反爲嬴殃；唐高祖改元通乾，以反語天窮停之……等事，以明古人好用反切之習。以上俱見音論 皆能窮源竟委。

反切之法，上一字必與所切之字爲雙聲；下一字必與所切之字爲疊韻。雙聲者，卽古人之所謂和，切韻家之所謂同母，而小學家之所謂一聲之轉也。疊韻者，卽古人之所謂諧，切韻家之所謂同韻，而小學家之所謂音近之字也。古代斯學未明，而其事已起。六書形聲卽緣其法，如：每从母聲，每母雙聲也；存从才聲，存才雙聲也；蘀从擇聲，蘀擇疊韻也；鈞从勻聲，鈞勻疊韻也。至羣經諸子中凡名物德業之詞二字相屬者，多出於雙聲疊韻之一塗，如蝃蝀，陪尾，離婁，滅明，蒹葭，唐棣，鴛鴦，蜘蛛，皆名物之雙聲也；

崑崙，空桐，皋陶，奚齊，芄蘭，六駮，鸑鷟，螳螂，皆名物之疊韻也；叢脞，踟躕，悠遠，陸離，皆表德之雙聲也；崔嵬，窈窕，猗儺，豐隆，皆表德之疊韻也；勞來，佻達，黽勉，流離，皆表業之雙聲也；汎濫，逍遙，優游，詰詘，皆表業之疊韻也。卽其含義相對相反者，亦多出於此二塗，如天地，陰陽，古今，生死，皆雙聲也；老幼，聰聾，新陳，起止，皆疊韻也。若夫聲轉音近，則訓可相通，用可相假，亦皆雙聲疊韻之效。事涉訓詁，容後詳述。

當字母未興，切音惟取雙聲疊韻之字以相切。如廣韻『東，德紅切』東德雙聲，東紅疊韻也；『支，章移切』支章雙聲，支移疊韻也。上字定其清濁，下字定其平上去入，此法言以來所承用之法也。顧自法言有二百六部之區分，韻則有標準矣。而聲母未立，致雙聲取字汎濫無歸，如廣韻一書用爲上一字者有四百五十二字之多，學者記省殊爲不易。於是字母乃應需而生。字母者本自佛書，婆羅門書能以十四字貫一切音，華嚴經字母四十二，具以譯佛經，初未用其資反切也。至唐沙門神珙作四聲五音九弄反紐圖。附載今玉篇之末，然尚無字母之稱。王應麟玉海有三十六字母圖一

·国学概论·
神州国光社
一九三二年版

卷，題『僧守溫撰。』呂介孺云：『大唐舍利創字母三十，後溫首座益以娘牀幫滂微奉六字。』溫原圖已亡，而其三十六字母則宋代諸儒言切韻者——如司馬光切韻指掌圖，鄭樵通志七音略——皆遵用之。此後音紐遂有標準。

守溫三十六字母，各家分析多有不同：沈括云：『切韻家定脣齒牙舌喉爲宮商角徵羽，其間半徵半商者如「來」「日」二字。』鄭樵則謂『幫滂並明非敷奉微羽，端透定泥知徹澄娘徵，見溪羣疑角，精清從心邪照穿牀審禪商，影曉匣喻宮，來半徵，日半商』。晁公武則云：『幫滂並明非敷奉微，脣音也；端透定泥知徹澄娘，齒音也；見溪羣疑，喉音也；照穿牀審禪精清從心邪，舌音也；曉匣影喻，牙音也；來日，半齒半舌也。』其間分配宮徵及喉牙舌齒等，小有異同，多以意爲之，未盡正確。惟金韓道昭五音集韻所分爲較當，計共分十類：『牙音見溪羣疑；舌頭音端透定泥；舌上音知徹澄娘；重脣音幫滂並明；輕脣音非敷奉微；齒頭音精清從心邪；正齒音照穿牀審禪；淺喉音曉匣；深喉音影喻；半徵半商音來日。』諸字母之音又分清濁，音之發處謂之阻；阻又生

·国学概论·
神州国光社
一九三二年版

發聲送聲外收聲內收聲之別；音韻有四等：一等洪大，二等次大，三等皆細，四等尤細。每母之中，有四等俱備者，有僅備一二等者。凡此皆自來音韻學家所審別而得者也。茲列一表於左：

字母	清	濁	等呼	阻別	阻	位
見	最清	無濁	一二三四	發聲	牙音	氣
溪	次清	羣之清	一二三四	送聲		觸
羣	最濁	溪之濁	一二三四	送聲		牡
疑	次濁	無清	一二三四	內收聲		牙
端	最清	無濁	一　四	發聲	舌頭音	舌
透	次清	定之清	一　四	送聲		端
定	最濁	透之濁	一　四	送聲		擊
泥	次濁	無清	一　四	內收聲		齶
知	最清	無濁	二三	發聲	舌上	舌
徹	次清	澄之清	二三	送聲		上

澄	最濁	徹之濁	二三	送聲	音	抵齶
娘	次濁	無清	二三	內收聲		
幫	最清	無濁	一二三四	發聲	重脣音	兩脣相搏
滂	次清	並之清	一二三四	送聲		
並	最濁	滂之濁	一二三四	送聲		
明	次濁	無清	一二三四	內收聲		
非	最清	無濁	三	外收聲	輕脣音	音穿脣縫
敷	次清	奉之清	三	外收聲		
奉	最濁	敷之濁	三	外收聲		
微	次濁	無清	三	內收聲		
精	最清	無濁	一四	發聲	齒頭音	音在齒尖
清	次清	從之清	一四	送聲		
從	最濁	清之濁	一四	送聲		
心	又次清	邪之清	一四	外收聲		
邪	又次濁	心之濁	一四	外收聲		

·国学概论·
神州国光社
一九三二年版

照	最清	無濁	二三	發聲	正齒音	音
穿	次清	牀之清	二三	送聲		在
牀	最濁	穿之濁	二三	送聲		
審	又次清	禪之清	二三	外收聲		齒
禪	又次濁	審之濁	二三	外收聲		上
曉	次清	匣之清	一二三四	外收聲	喉音	音
匣	最濁	曉之濁	一二三四	內收聲		出
影	最清	喻之清	一二三四	外收聲		中
喻	次清	影之濁	一二三四	內收聲		宮
來	濁	無清	一二三四	外收聲	半舌音	舌稍彎
日	濁	無清	三	內收聲	半齒音	舌上輕微

司馬光切韻指掌圖科別清濁爲二十圖，以三十六字母列其上，推四聲相生之法，縱橫上下，旁通曲暢。計獨韻六圖，（高字爲首）開韻七圖，（干字爲首）合韻七圖，（官字爲首）每類中以四等字多寡爲次。嗣元邵光祖據其書作檢圖例一卷，更求廣韻中有切而不在圖者七百

六十字表而出之，足補原圖所未備；又取同音同母同韻同等四者皆同者，謂之音和；取脣重脣輕舌頭舌上齒頭正齒三音中清濁同者，謂之類隔。董南一序司馬書中云：遞用則名音和；旁求則名類隔。同歸一母則爲雙聲；同出一韻則爲疊韻。同韻而分兩切者謂之憑切；同音而分兩韻者謂之憑韻。無字則點窠以足之，謂之寄聲；韻闕則引隣以寓之，謂之寄韻。故自宋以後，定韻者皆以爲宗，蓋其書實爲言此法者最古之本也。

更後有四聲等子一卷，失撰人名氏，辨音和，類隔，雙聲，疊韻，內外轉攝，正音憑切，寄韻憑切等，爲專言等韻之書。元劉鑑作經史正經切韻指南，以司馬書爲本，而參用四聲等子，小有同異，四聲等子以江攝附宕，則誤通江陽，以梗攝附曾，則誤混庚蒸，劉皆不從增以格子門法，於出切行韻取字諸法乃始分明。二書可爲司馬書之輔翼。

三十六字母雖定，顧後儒仍多刪易之議。如陳晉翁刪照穿牀娘爲三十二母，吳澄刪郡娘非牀知徹而易以芹圭缺羣危威，仍爲三十六母；李如眞刪定並奉從邪牀禪匣喻知徹澄娘爲二十二母，方以智又減非清照影四母，仍用從知合二十母；李登書刪知徹澄娘非五母，又易並母爲平，定母爲廷，爲三十一母；無名氏併音連聲字

·国学概论·
神州国光社
一九三二年版

學集要又刪羣疑透牀禪知徹娘邪非微匣增入勤逸歎爲二十七母；葉東敬又刪知徹澄娘敷疑爲三十母；馬氏等音外集又併三十六母爲見溪疑端透泥幫滂明精清心照穿審曉影非微來日二十一母；戴震定字音爲喉吻舌齒脣五類，併三十六母爲二十母；鄒漢勛謂字音僅有喉舌齒脣四音，各分爲二，共得八音，亦併三十六母爲二十母：諸說率紛歧難理。至若蘭廷秀更併爲二十母，而別製『東風破早梅向暖一枝開冰雪無人見春從天上來』爲攝；桑紹良又別製『國開王向德天乃賚禎昌仁壽增千歲苞盤民勿忘』爲攝；李汝珍又別創三十三母，而製『春滿堯天溪水清漣嫩紅飄粉蝶驚眠松巒空翠鷗鳥盤翾對酒陶然便博個醉中仙』爲攝：則徒事翻新，無裨實際。惟江永四聲切韻表篤守三十六母，謂其總括一切字音，不可增減移易，最爲嚴謹可法。

自來切韻者皆以雙聲疊韻爲之。自呂坤作交泰韻及潘耒作類音主張須連讀二字成一音，悉取喉音字爲韻，其法似便，但韻字每至隱僻難識，故陳澧切韻攷嘗論其不可行。後劉熙載箸四音定切，亦云『取音必直取收聲之字。』又發明斂意烏于四音，以表開口齊齒合口撮口四等呼，用以切音，執簡馭繁。迄近年教育部讀音統一會制定注音字母三十九，總括從前字母爲聲母二十四，ㄅㄆㄇㄈㄪㄉㄊㄋㄌㄍㄎㄫ ㄏㄐㄑㄬㄒㄓㄔㄕㄖㄗㄘㄙ 括韻部爲韻母十二，ㄚㄛㄝㄞㄟㄠ ㄡㄢㄣㄤㄥㄦ 括等呼爲介母三，ㄧㄨ ㄩ 後又加一韻母ㄜ爲四十母，於是盡變從前音韻學之面目。雖不免與古韻本原多所違異，而用之通俗則甚便，固非以爲汲古之綆也。

·国学概论·

神州国光社
一九三二年版

第四章　訓詁

伊古文字初興，音義俱立，字各一義，無待訓也。既而人事日繁，字皆孳乳；世宙遞變，言亦遷流。於是歧義殊音生矣。綜其所自，厥有三因：一時代之異也，同一事物，而歷代之稱謂各殊，則後世勢不能識前古之語矣；二方域之異也，同一名義，而四方之稱謂各殊，則此地勢不能識他方之語矣；三語文之異也，同一言辭，而口筆之習用各殊，則通俗勢不能識文壇之語矣。緣此三因，故訓詁遂有三類：一以今語釋古語，如爾雅『夏曰歲，商曰祀，周曰年，唐虞曰載』是也；二以雅言釋方言，如左傳『楚人謂乳爲穀，謂虎於菟』是也；三以俗語釋文言，如孟子『泄泄猶沓沓也』是也。蓋自東周以來，訓詁之學於是作矣。

字義之立，基於聲音；字義之變，亦由於聲音。故一義而攝數字，一字而生數義者，皆聲轉或音近爲之也。聲有發送，呼有開合，紐有旁正，稍訛則變矣；變則他字生而訓

·国学概论·
神州国光社
一九三二年版

可相通也。音有清濁，言有長短，氣有緩急，稍訛則變矣，變則他義生而用可相假也。如弘洪，溥丕，聲轉而訓相通也；茲斯，予吾，音近而訓相通也；齊齊，足足，聲轉而用相假也；女女，樂樂，音近而用相假也。本斯義例，擴而求之，則轉注之建類一首，假借之依聲託事，可不煩言而解，而訓詁之事思過半矣。

前述訓詁之形訓，音訓，義訓三法，自東周以還，訓詁之見於羣經諸子字書傳疏者，莫不由之。形訓者，據字形以索義，故剖析原字以爲訓；音訓者，推字音以明義，故取音近之字以爲訓；義訓者，卽字義以申義，故詮釋其旨以爲訓也。形訓之法，簡直而義索，如左傳『止戈爲武』，穀梁傳『人言爲信』是也，後之說文解指事會意字用之。音訓之法，則觸類旁通，一隅三反，足以盡訓詁之蘊：良由音轉字乳，關係至切，尋源探本，舍是莫由也。音訓之例凡四：一以孳乳之字訓本文，如易『咸，感也』，荀子『君，羣也』是也；二以本文訓孳乳之字，如論語『政者，正也』，孟子『征之爲言正也』是也；三以雙聲爲訓，如易『堯者，材也』，孟子『畜君者，好君也』是也；四以疊韻爲訓，如易『坎，陷也，』左傳『枵，耗也。』至若義訓之法，則通異言，辨名物，爲訓詁之綱羅。其塗較形音二者爲尤廣。義訓之例凡六：一以本字相訓，如易『蒙者，蒙也』孟子『徹者，徹也』是也；二以他字相訓，如易『艮，止也』穀梁傳『路寢者，正寢也』是也；三以數字遞訓，如禮記『福者備也，備者百順之名也，無所不順之謂備』莊子『庸也者用也，用也者通也，通也者得也』是也；四以增字爲訓，如左傳『星隕如雨，與雨偕也，』禮射義『射侯者，射爲諸侯也』是也；五以析事爲訓，如爾雅『善父母爲孝，善兄弟爲友，』賈逵左傳解詁『貪財爲饕，貪食爲餮』是也；六以別名爲訓，如左傳『凡師：一宿爲舍，再宿爲信，過信爲次，』禮記『凡祭，有四時：春祭曰礿，夏祭曰禘，秋祭曰嘗，冬祭曰烝』是也。其他舉一字而詳述其用，窮研其義，如禮記『禮者，因人之情而爲之節文，以爲民坊者也，』左傳『夫武，禁暴，戢兵，保大，定功，安民，和衆，豐財者也』則屬於注釋之事，非僅訓詁範圍矣。

經之有傳，猶他書之有注釋也。周易爲經，繫辭說卦爲傳矣；儀禮爲經，禮記爲傳矣；春秋爲經，左氏，公羊，穀梁爲傳矣。漢儒承之，釋經之書皆以傳稱，如伏生尙書大傳，毛亨詩傳是也。蓋以經義隱密，非訓述不能明。故賈逵，馬融，鄭衆，何休諸經師更爲羣經傳作注。若許愼之『五經無雙』鄭玄之『囊括大典』固極訓述之能事矣。

鄭玄有言：『訓謂訓其義也，』又曰：『述謂述其古事，』又曰：『就原文字之聲類，攷訓詁，捃祕逸。』凡此皆鄭君說經之例，卽其他漢儒說經亦莫不然也。然訓義較述事爲難，以事可徵見，義屬隱微耳。故訓義之事，必備上述三類及三法，然後曲暢旁通焉。今觀漢儒訓詁皆備三類：如鄭注論語『必也正名乎』謂『正名，謂正書字也，古者曰名，今世曰字，』此以今語釋古語也；何休注公羊傳『晉之不言出入者，踊爲文公諱也，』謂『踊，豫也，齊人語，若關西言渾矣，』此以雅言釋方言也；毛傳詩『我卽爾謀，聽我囂囂，』謂『囂囂猶謷謷也，』此以俗語釋文言也。亦備三法：如說文『亼』謂『三合也，从入一，象三合之形，』此形訓也；鄭箋詩『蘋』『藻』謂『蘋之言賓也，藻之言澡也，』此音訓也；毛傳詩『窈窕淑女君子好逑，』謂『窈窕，幽閒也；淑善；

·国学概论·
神州国光社
一九三二年版

逑，匹也；言后妃關睢之德，是幽閒貞專之善女，宜爲君子之好匹』此義訓也。諸法自漢歷魏晉南北朝率導用之，惟語較繁耳。至唐代而義疏之學興，以疏釋注與以注釋經之例同，蓋漢魏語文歷世遞變，至此而又有待乎訓也。

訓詁專書，必以爾雅爲最古，次則揚雄方言，劉熙釋名，以及許愼說文，皆小學要籍而漢以上之作也。後此續有箸述，皆不外此數類，茲分別略述其例：

漢志小學自史籀以下列十家而不列爾雅，爾雅則附於孝經家，以其同爲六藝之總會也。爾雅凡十九篇：一釋詁，二釋言，三釋訓，四釋親，五釋宮，六釋器，七釋樂，八釋天，九釋地，十釋丘，十一釋山，十二釋水，十三釋草，十四釋木，十五釋蟲，十六釋魚，十七釋鳥，十八釋獸，十九釋畜。漢志爾雅三卷二十篇，葉德輝以爲原有序篇今逸。前三篇所以會通方言；後十六篇所以訓詁名物，而其所以會通方言又不外前述之三類。如釋詁『迄臻極到赴來弔艐格戾懷摧詹，至也』乃以今語釋古語也。釋詁中多用此例。釋言『斯，誃，離也。』郭注云『齊陳曰斯，』蓋方言。乃以雅言釋方言也。釋言中多用此例。釋訓『番番，矯矯，勇也；桓桓，烈烈，威也；洸洸，赳赳，武也』乃以俗語釋文言也。（釋訓中多用此例。）又其中有多字合一義者，如『蠲，明也；茅，明也。』有一字合多義者，如『公』訓爲君，又訓爲事；『徂』訓爲往，又訓爲存。有數字關聯，相遞爲訓者，如『干，流，求也；求，覃也；覃，延也。』有語殊義近，類列爲訓者，如『諧，輯，協，和也；關關，噰噰，聲音和也；勰，燮，和也。』至於總括辭旨，卽以爲訓者，如『子子孫孫，引無極也；顒顒卬卬，君之德也。』『如切如磋，道學也；如琢如磨，自修也；瑟兮僩兮，恂慄也；赫兮烜兮，威儀也；有斐君子，終不可諼兮，道盛德至善，民之不能忘也。』則立後儒說經之例矣。若其訓詁名物，則就世間物類，各爲定名，或舉專稱，或明醜類，卽郭璞所謂『辯同實而殊號』。如釋器『繴謂之罿，罿，罬也；罬謂之罦，罦，覆車也。』釋草『唐，蒙，女蘿，女蘿，菟絲。』之類是也。其間稱類異同之故，亦不外前述三類使然。學者可就全書以紬繹之，不暇一一推究矣。

方言凡十三篇，無篇目，所以攷九服之逸言，標六代之絕語也。其書雖名方言，而其用實兼三類。觀其釋『大』字云：『敦，豐，厖，㤣，幠，般，嘏，奕，戎，京，奘，將，大也。凡物之大貌

·国学概论·
神州国光社
一九三二年版

曰豐；厖，深之大也；東齊海岱之間曰乔，或曰幠；宋魯陳衞之間謂之嘏，或曰戎；秦晉之間凡物狀大謂之嘏或曰夏秦晉之間凡人之大謂之奘，或謂之壯；燕之北鄙，齊楚之郊，或曰京，或曰將皆古今語也，初別國不相往來之言也，今或同，而舊書雅記故俗語不失其方，而後人不知，故爲之作釋也。』又釋『至』字云：『假格懷摧詹戾艐，至也。邠唐冀兗之間曰假，或曰格；齊楚之郊會或曰懷；摧詹戾楚語也；艐宋語也；皆古雅之別語也，今則或同。』可知其書實合古今方雅文俗於一鑪矣。又，一義而方語所呼各異，則明其通稱；如『娥㜲，好也。秦曰娥；宋魏之間謂之㜲；秦晉之間，凡好而輕者謂之娥；自關而東河濟之間謂之媌，或謂之姣；趙魏燕代之間曰姝，或曰妦；自關而西秦晉之故都曰妍：好其通語也。』一稱而方語所指各殊，則別其殊義。如『荊淮海岱雜齊之間，罵奴曰臧，罵婢曰獲；齊之北鄙，燕之北郊，凡民男而聓婢謂之臧，女而婦奴謂之獲；亡奴謂之臧，亡婢謂之獲皆異方罵奴婢之醜稱也。』若審其遷流歧異之所由，則十九出於聲轉音近。本此道以求五方之異言，如指諸掌矣。

·国学概论·
神州国光社
一九三二年版

釋名凡二十七篇：一釋天，二釋地，三釋山，四釋水，五釋丘，六釋道，七釋州國，八釋形體，九釋姿容，十釋長幼，十一釋親屬，十二釋言語，十三釋飲食，十四釋綵帛，十五釋首飾，十六釋衣服，十七釋宮室，十八釋牀帳，十九釋書契，二十釋典藝，二十一釋用器，二十二釋樂器，二十三釋兵，二十四釋車，二十五釋船，二十六釋疾病，二十七釋喪制。熙自序謂：『名號雅俗各方多殊，聖人於時就而弗改以成其器，著其既往，哲士巧夫以爲之名。故興於其用而不易其舊，所以崇易簡省事功也。』其書全本音訓之法，譬況假借以證音字，幾於無字不由聲轉音近而來。六書中轉注假借之用，此書則盡發之。其中一名數義，義各緣聲者，如『乾，健也，健行不息也；又謂之玄，玄，懸也，如懸物在上也』是也。一字數聲，聲各求義者，如『車，古者如居，言行所以居人也；今曰車，行者所處若車舍也』是也。卽本字之聲以求其義者，如『宿，宿也，星各止宿其處也』是也。推本字之聲以衍其義者，如『喘，湍也，湍，疾也，氣出入湍疾也』是也。雖附會之處或所不免，然文字孳乳出於衍聲之理，於此可覩矣。

說文解字凡十四篇，分五百四十部，雖以字形爲綱，然其說字也，必先字義而後字形；卽字義明顯者亦必詮說其分部也，亦視字義之近者以相隸屬。故其書不特爲完密之字書，亦訓詁之大滙也。今就其大較言：指事象形之字多用形訓；形聲轉注之字多用音訓；會意假借之字多用義訓；至兼三法爲訓者又雜見於各體也。學者可取其書而覆按之，不暇列舉。

治訓詁學者以上述諸書爲之基。如欲博綜條貫，則清儒箸作足備研求。如郝懿行之爾雅義疏，邵晉涵之爾雅正義，王念孫之廣雅疏證，爾雅之學也；戴震之方言疏證，錢繹之方言箋疏，杭世駿之續方言，程際盛之方言補正，方言之學也；江聲之釋名疏證，續釋名，釋名之學也；段玉裁之說文解字注，朱駿聲之說文通訓定聲，說文之學也。若夫總會之書，則有阮元之經籍纂詁，王引之之經義述聞，經傳釋詞，俞樾之古書疑義舉例等，皆各精洽，足爲後學之嚮導。

段玉裁曰：『小學有形，有音，有義，三者互相求，舉一可得其二；有古形，有今形，有

·国学概论·
神州国光社
一九三二年版

古音，有今音，有古義，有今義，六者互相求，舉一可得其五。古今者，不定之名也。三代爲古，則漢爲今；漢魏晉爲古，則唐宋以下爲今。聖人之制字，有義而後有音，有音而後有形；學者之考字，因形以得其音，因音以得其義。治經莫切於得義，得義莫切於得音。周官六書指事象形形聲會意四者形也；轉注假借二者馭形者也，音與義也。……爾雅方言釋名廣雅者，轉注假借之條目也。……義失則梏於說文所說之本義而廢其假借，又或言假借而昧其古音，是皆無與於小學者也。……』王念孫曰：『竊以訓詁之旨本於聲音。故有聲同字異，聲近義同，雖或類聚羣分，實亦同條共貫。譬如振裘必提其領，舉網必挈其綱。故曰「本立而道生」，知天下之至嘖而不可亂也。此之不寤，則有字別爲音，音別爲義；或望文虛造而違古義；或墨守成訓而尟會通。易簡之理既失，而大道多歧矣。』（均廣雅疏證序）於此可明訓詁之方，並小學之塗徑亦可瞭然矣。

述小學竟。

第三編 哲學

·国学概论·

神州国光社
一九三二年版

第一章 周秦諸子

中國學術之興，其當殷周之際乎！夏校殷序之所以爲教者，邈乎其無聞焉。自文王幽囚，爰演八索；箕子被訪，更陳九疇。由是而形上之學稍啓其端矣。周公多才多藝，思兼三王。體國經野，既備乎六官；尊君親親，亦得於三善。爻辭以明易蘊；七月以陳王業。文物典章，燦然大備。然樂正之教，不出四術；保氏所掌，範於六藝。學子所受，率文章技能名物度數之事耳。至於天人性命之理，陰陽消息之機，非凡士所得共聞也。其有魁才傑士，質敏過人，思通於微，識窺乎隱，亦或超其階閾，絕其藩籬，奥義善言，時見一二。書闕有間，莫繹其全。周室不綱，諸侯力政，天下兵革，民生瘏苦。先王之成規已隳，百姓之顒望誰屬？有心之士，思以彌治理之缺，饜蚩氓之心，於是冀棄故常，別尋塗轍。或醉心古初，或懸儗郅治，莫不殫竭智慮，張皇幽眇，雲蒸蝀起，蔚爲大觀。獨老聃排擯紛紜，揭櫫清淨。以自然爲道本，以無爲爲道要。智周萬物而不立名；動賅衆能而不著法。

·国学概论·
神州国光社
一九三二年版

惜夫語大莫載，事遠難行！自餘百家騰說，各言治理，純駮異致，大小殊功。惟仲尼思挽叔季之頹，返諸三代之盛；祖述堯舜，憲章文武，務修廢墜，不尙新奇。總詩書禮樂六藝之遺，闡修齊治平一貫之道。所謂『本諸身，徵諸庶民，考諸三王』者也。若其天人性命，陰陽消息之微，不能喩諸衆人，而一以易攝之；是非邪正善敗興廢之隱，不能直於當世，而一以春秋統之。所謂『建諸天地，質諸鬼神，俟諸百世』者也。故周秦學術之演進，斷以老孔二氏爲並源，而諸子其支流也。

論諸子旨意派別者，以莊子天下爲最先。其言曰：『天下之治方術者多矣，皆以其有爲不可加矣。古之所謂道術者果惡乎在？曰無乎不在。曰神何由降？明何由出？聖有所生，王有所成，皆原於一。不離於宗，謂之天人；不離於精，謂之神人；不離於眞，謂之至人；以天爲宗，以德爲本，以道爲門，兆於變化，謂之聖人；以仁爲恩，以義爲理，以禮爲行，以樂爲和，薰然慈仁，謂之君子。以法爲分，以名爲表，以參爲驗，以稽爲決，其數一二三四是也，百官以此相齒。以事爲常，以衣食爲主，蕃息畜藏，老弱孤寡爲意，皆有以養民之理也。古之人其備乎！配神民，醇天地，育萬物，和天下，澤及百姓，明於本數，係於末度。六通四辟，大小精粗，其運無乎不在。其明而在度數者，舊法世傳之史尚多有之。其在於詩書禮樂者，鄒魯之士，搢紳先生，多能明之。詩以道志，書以道事，禮以道行，樂以道和，易以道陰陽，春秋以道名分。其數散於天下，而設於中國者，百家之學，時或稱而道之。天下大亂，賢聖不明，道德不一，天下多得一察焉以自好。譬如耳目鼻口，皆有所明，不能相通；猶百家衆技也，皆有所長，時有所用。雖然，不該不徧，一曲之士也。判天地之美，析萬物之理，察古人之全，鮮能備於天地之美，稱神明之容。是故內聖外王之道，闇而不明，鬱而不發；天下之人各爲其所欲焉以自爲方。悲夫！百家往而不反，必不合矣。後世之學者，不幸不見天地之純，古人之大體，道術將爲天下裂。』前之所稱『天人』『神人』『至人』者，老氏之道也；『聖人』『君子』者，孔氏之道也。所謂明在數度者，儒學也；得一察以自好者，百家之學也。又深慨夫內聖外王之道不明，而慮夫道術將爲天下裂。莊子雖道家，而其言允矣！

其次則荀子非十二子，其言曰：『假今之世，飾邪說，文姦言，以梟亂天下，欺惑愚衆，矞宇嵬瑣，使天下混然不知是非治亂之所存者有人矣。……若夫總方略，齊言行，壹統類，而羣天下之英傑而告之以太古，敎之以至順，奧窔之間，簟席之上，歛然聖王之文章具焉，佛然平世之俗起焉，則六說者不能入也，十二子者不能親也。……今夫仁人也將何務哉？上則法堯舜之制，下則法仲尼子弓之義，以務息十二子之說。如是，則天下之害除，仁人之事畢，聖王之跡著矣。……』荀子固儒家，而其言則不免於激矣！

以上蓋戰國學者，品隲當世，而自標宗旨之論也。以其去古未遠，見聞較明，故所論亦各有識斷。而道之尊老，儒之尊孔，其情皎然；且二家之未嘗相非，亦於此可見也。

雖然，孔老之交，嘗見於史記矣。孔子世家稱：孔子與南宮敬叔俱適周問禮，蓋見老子云。辭去，而老子送之以言曰：『聰明深察而近於死者，好議人者也；博辯廣大危其身者，發人之惡者也。爲人子者毋以有己；爲人臣者毋以有己。』而老子傳中則稱：

·国学概论·
神州国光社
一九三二年版

孔子適周，將問禮於老子，老子曰：『子所言者，其人與骨，皆已朽矣，獨其言在耳。且君子得其時則駕，不得其時則蓬累而行。吾聞之：「良賈深藏若虛，君子盛德，容貌若愚。」去子之驕氣與多欲，態色與淫志，是皆無益於子之身。吾所以告子，若是而已。』孔子去，謂弟子曰：『鳥，吾知其能飛；魚，吾知其能游；獸，吾知其能走。走者可以爲罔，游者可以爲綸，飛者可以爲矰。至於龍，吾不能知其乘風雲而上天。吾今日見老子，其猶龍邪！』二者所述，詳略互殊，辭氣亦異。前者尙矜愼，而後則澶漫，蓋史遷雜取道家之傳說爲之也。後人遂執此以斷孔子師老，而逕謂儒家出於道家。不知孔子博學多聞，得諸好問。適周之志，在觀先王之遺制，攷禮樂之所極。以老子固有道之士，又爲周守藏史，先王舊典，必有所知，就而問焉，事理之常，豈必遽師之乎？家語且稱孔子訪樂於萇弘，亦不爲師。且所問者禮，而老子所告，但屬保身處世之方，以視儒者忠恕孝弟之道，抑已末矣，曾何深益於孔子？況驕欲淫志之戒，又無待施諸孔子乎？觀於孔子入后稷之廟，觀金人銘『執雌持下』之說，謂其『言雖鄙而中事情。』知孔子於老氏之言，充量亦止取其大體而已。『猶龍』之喻,其必不然。莊子所稱孔子見老聃各節,皆屬寓言十九之中,不能推鑿。而言老聃死,秦佚弔之,又與傳及諸道家所稱老子出關不知所終之說相牴牾。大抵道家好爲荒唐之辭,不足徵信。後世據此證彼,適墮雲霧之中耳。至經傳所傳孔子言行,除緯書僞籍之外,率倫常日用之要,無幾微老氏之旨雜乎其間。乃後人不恤援之以入道家,何其罔哉!

儒道之名,其始蓋通稱也。道猶理也;儒者,士之學道者耳。自老子言道德,而其徒遂號爲道家;孔子以六藝敎弟子,爲師儒,而儒之名亦漸專屬。二家之術,根本不同。今欲明之,宜先自孔老之書索其要旨,而綏及二家之派流。孔氏之書,六經尙已;論語,孝經雖出弟子,翔實爲多,宜若可信也。老氏之書,上下篇五千言而已。今所傳道德經,後人亦多致疑於楊朱之徒所依託,然舍此別無據,姑因之。合而觀之:道主靜;老子『至虛極,守靜篤,萬物並作,吾以觀其復。夫物芸芸,各復其根,歸根曰靜。』『不欲以靜,天下將自定。』『靜勝躁,寒勝熱,清靜爲天下正。』儒主動。易象『天行健,君子以自強不息。』易繫『易之爲書也不可遠,其爲道也屢遷,變動不居,周流六虛,上下無常,剛柔相易,不可以爲典要,唯變所適。』『君子藏器於身,待時而動,何不利之有?動而不括,是以出而有獲,語成器而動者也。』道主虛無;老子『吾所以有大患者爲吾有身,及吾無身,吾有何患?』『繩繩不

·国学概论·
神州国光社
一九三二年版

可名，復歸於無物，是謂無狀之狀，無物之象，是爲忽恍』『爲無爲，事無事，味無味。』儒主實有。中庸『上焉者，雖善無徵，無徵不信，不信民弗從；下焉者雖善不尊，不尊不信，不信民弗從。』『君臣也，父子也，夫婦也，昆弟也，朋友之交也，五者天下之達道也。』道主無爲；老子『道常無爲，而無不爲，侯王若能守，萬物將自化。』『不言之教，無爲之益，天下希及之。』『爲學日益，爲道日損，損之又損，以至於無爲，無爲而無不爲，收天下常以無事，及其有事，不足以取天下。』『聖人無爲故無敗，無執故無失。』儒主有爲。易繫『備物致用，立成器以爲天下利，莫大乎聖人。』禮坊記『故君子禮以坊德，刑以坊淫，命以坊欲。』中庸『凡爲天下國家有九經，曰：修身也，尊賢也，親親也，敬大臣也，體羣臣也，子庶民也，來百工也，柔遠人也，懷諸侯也。』道主愚民；老子『絕聖棄智，民利百倍，絕仁棄義，民復孝慈；絕巧棄利，盜賊無有。』『古之善爲道者，非以明民，將以愚之；民之難治，以其智多，以智治國國之賊，不以智治國國之福。』儒主教化。書『天降下民，作之君，作之師。』『天之生斯民也，使先知覺後知，使先覺覺後覺也。』禮學記『君子如欲化民成俗，其必由學乎！』中庸『修道之謂教。』大學『堯舜率天下以仁而民從之。』道主卑弱；老子『貴以賤爲本，高以下爲基。』『弱者道之用。』『天下之至柔，馳騁天下之至剛。』『江海所以能爲百谷王者，以善下之。』『人之生也柔弱，其死也堅強。』『強大處下，柔弱處上。』儒主中道。中庸『君子中庸，小人反中庸。』『故君子，和而不流，強哉矯；中立而不倚，強哉矯。』儒行『儒有可親，而不可劫也；可近而不可迫也；可殺而不可辱也。』道主權術；老子『將欲噏之，必固張之；將欲弱之，必固強之；將欲廢之，必固興之；將欲奪之，必固與之。』儒主至誠。中庸『唯天下至誠爲能化。』『誠者物之終始，不誠無物。』『唯天下至誠，爲能經綸天下之大經，立天下之大本，知天下之化育。』

凡其所以爲治化修省之原則者皆無不異而何以初不相非邪？蓋學術之爭鬨，必起於既盛之後，盛則歧，歧則矜，矜則爭矣。老子之學，以自隱無名爲務，初無矜矯炫

·国学概论·

神州国光社

一九三二年版

世之情。故荀子非十二子而不及於老；卽孟子距楊墨，亦但斥其支派之楊朱。至孔子之道，彌綸六合，深入人心，其本固無可擊。卽莊周詼詭，亦僅假託孔子言行，恣爲寓言，實以嘲弄末流之儒士耳。周豈眞非孔哉？

孔老既作，學者朋興，諸子之言，紛然淆亂矣。今按史記之有傳者，孔老而外，有仲尼弟子，孟，荀，莊，申，韓，商，孫，吳，蘇，張諸人。其附出者有老萊，騶衍，淳于髡，愼到，環淵，接子，田駢，騶奭，公孫龍，劇子，李悝，尸子，長盧，吁子，墨翟，鬼谷諸人。見於莊子者有墨翟，禽滑釐，相里勤，苦獲，已齒，鄧陵子，宋鈃，尹文，彭蒙，田駢，愼到，關尹，老聃，列御寇，楊朱，庚桑楚，接輿，惠施，公孫龍，魏牟諸人。見於列子者有關尹，老聃，楊朱，長盧，尹文，老成，公孫龍，魏牟諸人。見於孟子者有楊朱，墨翟，許行，宋牼，淳于髡，張儀諸人。見於荀子者有它囂，魏牟，陳仲，史鰌，墨翟，宋鈃，愼到，田駢，惠施，鄧析，子思，孟軻諸人。見於韓非子者有八儒三墨，老聃，申不害，商鞅，愼到，田鳩諸人。見於呂氏春秋者有墨翟，禽滑釐，吳起，申不害，惠施，公孫龍諸人。又有不見於諸子所述，而自有箸述流傳於漢以後者有文子，鶡冠子，尉繚諸人。諸家之書，或傳或不傳；其傳者又或眞或僞，難盡憑信。後儒頗多推究之，如柳宗元之辨列子，文子，鬼谷子，晏子春秋，鶡冠子，亢倉子；晁公武郡齋讀書志，陳振孫直齋書錄解題，高似孫子略，胡應麟筆叢，宋濂諸子辨，姚際恒古今僞書考等，皆各就前史目錄，書中文字，人事時代，以攷訂其僞託或龐雜，亦『盡信書不如無書』之旨也。學者但觀其大意而勿泥其小節，別其爲某家之言而勿鑿其事實，則諸子之學術源流，庶幾可理矣。

儒家之書，六經而外，論語，孝經，戴記，皆爲孔門弟子所紹述，微言大義多出其中；其卓然成家者，孟荀二子而已。諸弟子各就其聞見質性之所近，或得大體，或引一端，公孫丑所謂『子夏，子游，子張，皆有聖人之一體，冉牛，閔子，顏淵，則具體而微』，韓非所謂『儒分爲八』是也。孔門以文，行，忠，信爲四教；以君臣，父子，夫婦，兄弟，朋友爲五達道；以智，仁，勇爲三達德；然後統之以仁，發之以孝，持之以誠，範之以禮，守之以中庸，貫之以忠恕；而以格物，致知，正心，誠意，修身，齊家，治國，平天下爲次第；以明德，新民，止於

·国学概论·
神州国光社
一九三二年版

至善爲要歸。其稱言也廣；其取譬也近。中人以上，固可得其會通而期大成；中人以下，亦可守其廉隅而免過失。所謂夫婦之愚可以與知而能行；及其至也雖聖人有所不知不能也。故自秦漢以降，世運百變，異族憑陵，而其道昭若日星，言治術與修養者終莫能外，豈偶然哉？

孟子受業於子思之門人，孟子自謂私淑諸人，其師乃子思之門人，不著名也。按史記稱子思年六十二。而伯魚之卒，當孔子六十九歲，即周敬王三十五年丙辰，此時子思既生，推至周威烈王元年丙辰，週六十年，計子思已屆卒矣。孟子見梁惠王，在周顯王三十三年乙酉，上距威烈王元年已九十年，斷無及見子思之理，何論受業？後人誤解史記，如應劭風俗通遂謂孟子受業於子思，宋程子且謂子思作中庸以授孟子，僞孔叢子更造作孟子子思問答，尤妄。惟司馬貞史記索隱甚明。稱堯舜，學孔子，道性善，言仁義，游事齊梁之君而道不行，乃退與萬章之徒序詩書，述仲尼之意，作孟子七篇。其學亦主中庸，而氣質稍偏於剛，故其辭闢異端，不稍假借，斥墨爲無父，斥楊爲無君，斥許行爲相率爲僞，斥張儀爲妾婦之道。而其說時君也，則以民事民貴爲本，以仁政王道爲歸，以善戰罔利爲戒。其言修養也，則以居仁由義爲道，以存心養性爲基，以擴充四端養氣毋餒爲法。可謂表裏精粗無所不到，孔子之道，蓋得此而大明矣。

荀卿初遊齊，繼適楚，爲蘭陵令，嫉濁世之政，亾國亂君相屬，不遂大道而營於巫祝，信禨祥；鄙儒小拘如莊周等又滑稽亂俗。於是推儒墨道德之行事興壞序列著數萬言，而卒，因葬蘭陵。其學亦宗法仲尼，誦說王道，以仁義禮樂爲歸，以篤學隆師爲方，以正名化性爲本，以治氣養心爲守。非十二子推諸子之言，正論糾世俗之說，皆粹然儒者之旨。惟其主性惡，法後王，與孟子道性善，稱堯舜觀點不同，又斥子思孟軻處語太偏激，故頗蒙後世之詆。至以李斯曾從受業因以亂秦罪之，則不免深文矣。

道家之書，陰符託爲黃帝，鬻子託爲鬻熊，皆僞書也。關尹，列御寇之言見於莊子者爲可信，其書則理致辭釆雖多可觀，而間雜入釋家言，蓋出後人僞託。至文子，亢倉子，皆竊道家碎義，尤爲後人附會之書。惟莊周博辯精思，析理至密。其自謂「以謬悠之說，荒唐之言，無端崖之辭，時縱恣而不儻，不以觭見之也。以天下爲沈濁，不可與莊語，以卮言爲曼衍，以道言爲眞，以寓言爲廣，獨與天地精神往來而不敖倪於萬物，不譴是非，以與世俗處，……上與造物者游，而下與外死生無終始者爲友。其於本也，弘

·国学概论·
神州国光社
一九三二年版

大而辟，深閎而肆；其於宗也，可謂稠適而上遂矣。雖然，其應於化而解於物也，其理不竭，其來不蛻，芒乎昧乎，未之盡者。」而溯其道術之原，則曰：『芴漠無形，變化無常，死與！生與！天地並與！神明往與！芒乎何之？忽乎何適？萬物畢羅，莫足以歸。古之道術有在於是者，莊周聞其風而說之。』與其溯關尹老聃者不同，（以本爲精，以末爲粗，以有積爲不足，澹然獨與神明居。）似其雖要本老子而尤較放達。蓋生當戰國，天下大亂，承道家既盛之後而益以推揚；際羣言龐雜之時而謀爲含蓄。故其指事類情，剽剝儒墨，正由其學無所不闚，故其言亦洸洋自恣。荀卿斥其『滑稽亂俗，』『蔽於天而不知人，』非知言也。觀其卻楚聘而取喻於龜犧，對魏王而致辨於貧憊，足知高世之士，自適其己，糠粃萬物，藐玩王公，所以全神養生於亂世耳。

莊子以前道家見其所稱述者有列御寇。御寇爲鄭繻公時人，（劉向別錄謂鄭穆公，柳宗元辨爲繻公）其學本於黃老，其書存八篇。柳宗元謂『其事多增竄，要之莊周爲放依其辭；』又稱其『虛泊寥闊，居亂世遠於利，禍不得逮於身，而其心不窮。』宋高似孫子略遂謂其爲

『莊周寓言，實無其人』 然據爾雅疏引尸子廣澤篇有云『列子貴虛，』則知當日實有其人，特其書爲門人追記耳。今觀其書大旨悉道家言，富名理而少偏執，謬悠荒唐亦頗同於莊周，而不能一一推鑿。至所謂『聖人之教非仁則義，』則於儒未嘗詆排，蓋可見矣。

莊子又稱陽子居，而列子則有楊朱，後人以爲二者蓋一人也。楊朱之學，導於老子；而稱述孔子原憲之事，知其時實後孔子；若莊列之所云見老聃者，皆寓言也。楊朱義主『爲我，』故不與損一毫利天下，亦不取悉天下奉一人；謂賢愚貴賤同歸於臭腐消滅，故重樂生逸身，而不爲壽名位貨四事所困。（此與中庸所謂大德必得其位祿名壽適相反）其說蓋較老子爲狹而甚易入於人心，故至戰國而其道大盛。

反爲我之說者則有墨翟，禽滑釐。墨氏之學，其先蓋出於儒。（淮南子謂『墨子學儒者之業受孔子之術。』）本儒之仁，而充類至盡發爲兼愛；本儒之義而繩墨自矯主於儉苦。遂不覺越中庸之道而反天下之心。觀其親士，尙賢，尙同，天志，節用，辭過，非攻，魯問諸篇，與儒家尊賢，畏天，寡欲，非戰之旨原屬一本，而極其所至，乃至於非樂，薄葬，絕親，寡恩，與儒倍馳。孟子斥其『無父』荀子斥其『蔽於用而不知文』非深文也。及其末也，列道而議，分徒而訟，淮南子語 自禽滑釐以下，相里，相夫，鄧陵各成一系，與儒家交相非詰，厥勢甚張。墨子有非儒篇，孔叢子有詰墨篇 故韓非謂『世之顯學儒墨也』；孟子謂『天下之人，不歸楊則歸墨，』然凡民不能無欲，而形勞自苦，使天下不堪，必反而謀一己之利；故孟子謂『逃墨必歸於楊。』抑人類不可無羣，而爲我太專，失相利之益，必進而求適中之道；故孟子謂『逃楊必歸於儒。』若夫墨者之徒，非儒而未聞非楊者，則以其所忌者不在絕反之私心，而在時中之至理足以制其偏宕耳。

變道德之說者則有申不害，韓非。史記稱『申子之學本於黃老，而主刑名』；『韓非喜刑名法術之學，而其歸本於黃老。』又論『申子卑卑施之於名實，韓子引繩墨，切事情，明是非，其極慘礉少恩，皆原於道德之意。』夫道德之意，主無爲，法自然，而刑名法術則有爲而不自然之至矣，以不同之學而歸諸一本，何歟？蓋老氏廢棄禮樂，掊擊仁義，使人心空游無依，斯不得不別謀所以爲治之方，而刑名法術起而代之矣。故申子之言曰：『天道無私，是以恆正，地道不作，是以常靜，』此『得一清寧』之說也；『君必有明法正義，若懸權衡以稱輕重，所以一羣臣也，』此『抱一爲式』之說也；『去聽無以聞則聰，去視無以見則明，去智無以知則公，去三者不任則治，……故至智棄智，至仁忘仁，至德不德，』此『絕聖棄智』之說也。韓非之言曰：『行仁義者非所譽，譽之則害功，工文學者非所用，用之則亂法，』此『塞兌閉門』之說也；『去甚去泰，身乃無害，』此『見素抱朴』之說也；『道在不可見，用在不可知，虛靜無事，以闇見疵，』此『至虛守靜』之說也。至若韓非以己說釋老子之言而爲『解老，』以往事證老子之言而爲『喩老，』則源流自明，更推理論以施於事實，則法術生矣。然術與法二。韓非定法篇曰：『申不害言術，而公孫鞅爲法。術者因任而授官，循名而責實，操生殺之柄，課羣臣之能者，此人主之所執也；法者憲令著於官府，刑罰必於民心，賞存乎愼法，而罰加乎姦令者也，此人臣之所師也。』又議『申不害不擅其法，不一其憲，雖用術於上，法不勤飾於官；公孫鞅無術以知姦，法不勤飾於官，主無術於上。於是斷二子之於法術皆未盡善，而非則兼二者之長。觀其五蠹，六反，八姦，十過，七術，六徵，八經諸篇，經畫治理，陳列利病，洵可謂切事情，明是非；而極其所至，則用術廢敎，任法絕情，不流於慘礉少恩不止矣。

前申韓而言法術者，則有管仲，商鞅。管仲相齊桓，霸諸侯，在孔老之先，其時尚無所謂儒道之分；而其書則漢志列於道家，雖其中不免後人附益，要爲言治理政術者之所歸也。觀其牧民之務，在多財辟地，實倉廩，足衣食，則富民之道也；以禮義廉恥爲四維，使士無邪行，女無淫事，則敎民之道也；餘如三本，四固，五事，六興，七體，八經，五務，三度，八觀之說，皆切實中正，莫非治國之本。初未嘗專任刑法，若申韓之慘礉也。至於地員，水地之深於物理，內業，樞言之明於道原，則又非逐逐功利者之所得幾及矣。降及商君，迎合秦孝，急於近功，變法修刑，內務耕稼，外勸戰死；雖墾令，農戰之說足以富國，兵守，賞刑之說足以强兵，而元氣潛傷，百姓芻狗。由春秋而下視戰國，殆陵夷乎！

·国学概论·
神州国光社
一九三二年版

道家言陰陽，儒家亦言陰陽，莊子『至陰肅肅，至陽赫赫，肅肅出乎天，赫赫發乎地，兩者交通成和，而物生焉。』易傳『一陰一陽之謂道。』『天地絪縕，萬物化醇。』故陰陽之說生焉。然其所稱，儒道之變也，蓋起於騶衍史記謂衍『深觀陰陽消息，而作怪迂之變，終始大聖之篇十餘萬言；其語閎大不經，必先驗小物，推而大之至於無垠。』其所據者禨祥度制，五德轉移，因而推之，縱則極天地未生，橫則極海外九州；而要其歸必止乎仁義節儉，君臣上下六親之施。是騶子用心未嘗不善，而惟其閎大不經，於是後世五行符讖術數之事皆可託之以起，而與儒道咸異趣矣。

儒家言正名，法家亦言名實，論語『必也正名乎』，申子施施於名實。故名家之學生焉。然其所稱，儒法之反也，蓋出於別墨。莊子謂『相里勤之弟子，五侯之徒，南方之墨者，苦獲，已齒，鄧陵子之屬，俱誦墨經，而倍譎不同，相謂「別墨」；以堅白同異之辯相訾，以觭偶不忤之辭相應。』蓋墨子之徒，於本師學說之外別出一支，以辯是非同異爲主者也。今墨子有經上下，經說上下，大取，小取，六篇，卽別墨之書，而名家之所本。寖至惠施持『大同異，小同異』之說，以明其氾愛萬物天地一體之旨；公孫龍持『白馬非馬』之說，以申其明是非之旨。極其所至，則以反人爲實，以勝人爲名，莊子天下而不求以當而勝。墨子經下『辯也者或謂之是，或謂之非，當者勝也。』故非之者則儒有荀子，正名『析辭擅作名以亂正名，使民疑惑，民多辯訟，則謂之大姦。』解蔽『惠子蔽於辭而不知實，』非十二子『察而不惠，辯而無用，多事而寡功，不可以爲治綱紀。』道有莊周，齊物論『彼亦一是非，此亦一是非，果且有彼是乎哉？果且無彼是乎哉？』天下『飾人之心，易人之意，能勝人之口，不能服人之心。』皆所以破其詭也。

道家之流，有彭蒙，田駢，環淵，接子，它囂，魏牟，許行，陳仲之徒，若尸佼慎到，則道之偏法者也。史記敘齊稷下諸子曰：『慎到，趙人；田駢，接子，齊人；環淵，楚人；皆學黃老道德之術，因發明敘其意旨。故慎到著十二篇；環淵著上下篇；而田駢，接子，皆有所論焉。』而莊子天下曰：『公而不黨，易而無私，決然無主，趣物而不兩，不顧於慮，不謀於知，於物無擇，與之俱往，古之道術有在於是者，彭蒙田駢慎到聞其風而說之。』又曰：『慎到棄知去己，而緣不得已，冷汰於物以爲道理……豪傑相與笑之曰，慎到之道，非生人之行，而死人之理，適得怪焉。田駢亦然，學於彭蒙，得不敎焉；彭蒙之師曰，「古之道人，至於莫之是莫之非而已矣。」』而議之曰：『其所謂道非道，而所言之韙不免於非，

·国学概论·
神州国光社
一九三二年版

彭蒙，田駢，愼到不知道，雖然，概乎皆嘗有聞者也。』彭蒙語見尹文子有『分定則貪鄙不生』『聖法之治則無不治』等語，似稍近名法，然出尹文所稱，未必信。漢志田子二十五篇，而其語雜見呂覽，淮南，有『無政而可以得政』之語，蓋出老氏無爲之旨。又蜎子十三篇，捷子二篇，皆屬道家，書均不傳。荀子解蔽『愼子蔽於法而不知賢。』荀子非十二子論它囂魏牟，謂『縱情性，安恣睢，禽獸之行不足以合文通治』它囂事未詳，魏牟則魏諸公子，其言則見於列，莊，而相舛未足爲據。列子言牟悅公孫龍，莊子則述牟駁龍語。漢志道家公子牟四篇，今無書。孟子稱許行主並耕，其徒捆屨織席以爲食；陳仲避兄離母，己身織屨，妻辟纑，韓非稱『田仲不恃仰人而食』；趙威后謂其『率民而出於無用』；荀子論陳仲『忍情性，綦谿利跂，苟以分異人爲高，不足以合大衆明大分。』則皆楊氏爲我之流也。尸佼，楚人，漢志尸子二十篇列於雜家，其書不傳，逸文散見諸書者皆近道家；而爲商君師，鞅死逃蜀，則亦法家之流矣。愼子四十二篇，漢志列於法家，今止存五篇及逸文之雜見稱引者，有曰：『法雖不善，猶愈於無法，所以一人心也。』『法者所以齊天下之動，至公大定之制也。故智者不得越法而肆謀，辯者不得越法而肆議，士不得背法而有名，臣不得背法而有功。我喜可抑，我忿可窒，我法不可離也；骨肉可刑，親戚可滅，至法不可闕也。』『法之功莫大使私不行，……今立法而行私，是與法爭，其亂甚於無法，……故有道之國，法立則私善不行。』韓非子難勢篇所稱慎子語亦然。皆純屬於法家之說，而稍遜申商之峻厲。雖亦言及禮，如『國有貴賤之禮』等六語，及『法制禮籍所以立公義也』等。然用爲約束，非儒者教化之禮也。

墨家之流，有孟勝，田襄，腹䵍，田鳩，謝子，夷之之徒，若宋鈃，尹文，則墨之偏名者也。呂氏春秋稱鉅子孟勝及其弟子百八十三人死楚陽城君之難，傳鉅子於田襄子；及鉅子腹䵍之子殺人，䵍必促秦王殺之，忍所私以行大義：皆能實行其道者。淮南子稱墨者田鳩，謝子不得於秦；而韓非稱鳩對楚王，謂墨子傳先王之道，論聖人之言，故其言多不辯。至孟子稱墨者夷之葬其親厚，以爲『愛無差等，施由親始，』則又墨之略近儒者。宋鈃，孟子作宋牼，有說秦楚罷兵事，乃墨家禁攻寢兵之旨。而莊子天下曰：『不累於俗，不飾於物，不苟於人，不忮於衆，願天下之安寧以治民命，人我之養畢足而止，以此白心，古之道術有在於是者，宋鈃尹文聞其風而說之，作爲華山之冠以自表，

·国学概论·
神州国光社
一九三二年版

接萬物以別宥爲始，……見侮不辱，救民之鬥，禁攻寢兵，救世之戰，……』正與相合。荀子非十二子，則墨翟宋鈃並論，斥其『大儉約而僈差等，不足以容辯異，縣君臣』；解蔽又斥其『蔽於欲而不知得。』（漢志宋子八篇列小說家，今不傳。）然其與尹文皆『接萬物以別宥爲始』，則亦主別是非，分白黑，正名分者。尹文事未詳，其書漢志列名家，今傳二篇，有曰：『名以檢形，形以定名，名以定事，事以檢名。』『定此名分，則萬事不亂。』『以名稽虛實，以法定治亂。』『萬事皆歸於一，百度皆準於法。』皆鑿然名家之旨，而稍異乎施龍之詭辯。雖亦言及法，然用爲別宥，非法家刑賞之法也。

自春秋戰國以降，力功爭強，勝者爲右，則有二事乘時而起，兵與縱橫是也。兵家有孫武，吳起，孫臏，尉繚諸人；縱橫有鬼谷，蘇秦，張儀諸人。其書或傳或不傳，今就其所傳觀之，皆出於道家，而自闢徑域者也。漢志，兵權謀有伊尹，太公，管子，鶡冠子，俱別出道家，而道家太公二百三十七篇中有兵八十五篇，則其淵源約略可覩。又吳孫子（即武）兵法八十三篇，齊孫子（即臏）八十九篇，吳起四十八篇，俱列兵權謀；尉繚三十一篇列兵

·国学概论·
神州国光社
一九三二年版

形勢。今臏書不傳。武爲吳將，其書今傳十三篇，辭義精闢；而所謂『兵者詭道，』『爲不可勝以待敵，』『兵無常勢，因敵取勝』等語，皆與道家爲近。吳起雖嘗學於曾子，而性行不純，其書今傳七篇，所謂『刑罰所以威心，』『心威於形，不可不嚴』及史記，國策，韓非，尉繚諸書所載起之言行，皆與法家爲近。尉繚子事梁惠王，其書今傳六篇，所謂『刑以伐之，德以守之，』『殺之貴大，賞之貴小，』『明法勅令，不卜筮而獲吉，』『治者使民無私，』『欲生於無度，邪生於無禁，太上神化，其次因物，其次在於無奪民時，無損民財，』『賞如日月，信如四時，令如斧鉞，制如干將，』等語，皆雜道法之言也。漢志縱橫家無鬼谷子，而有蘇子三十一篇，張子十篇；隋志始見鬼谷子三卷。今觀其書，捭闔，反應，內揵，抵巇，飛箝，忤合，揣摩，權謀諸篇，多陰陽，動靜，遠近，離合，同異，反覆，進退之術，蓋道家之流於陰謀者。故蘇張師事之，而秦且誦太公陰符之謀，簡練以爲揣摩；遂至短長傾側，詐僞反覆，以取富貴而長侵淩，所謂變其本而加之厲者，以視法家，兵家，趨而益下矣。

戰國之末，道術日紛，羣言益雜。呂不韋以一賈人，驟致富貴，恥無著述，乃使其門客各著所聞，集論以爲八覽六論十二紀，以爲備天地萬物古今之事，號曰呂氏春秋，於是前此諸子學說，冶爲一鑪，形備而質亂矣。觀其勸學，尊師，誣徒，善學，及論樂諸篇，則儒家六藝之遺也；本生，重己，盡數，論人，君守諸篇，則道家淸淨之旨也；當染，貴公，去私，則墨家之言也；審分，愼勢，則名家之說也；察今，不二，則法家之意也；蕩兵，振亂，禁塞，決勝，則兵家之法也；上農，任地，辨土，審時，則農家之術也；他如圜道，明理，中涉陰陽，別類中舉詭辯，皆可按索。故後世號之曰雜家，蓋諸子之殿耳。

綜上所述，周秦諸子流變之跡，歷歷可覩，而觀於漢人之論諸子者，各殊其辭，當分理之。

其首則淮南要略也。淮南内外二十篇，而以要略總序其旨意，旁論諸家學說所自生，約謂以殷紂無道，文王欲以卑弱制强暴，故太公之陰謀生；以周公之遺風，故儒者之學生；以儒者之禮煩擾，故墨子節財，薄葬，簡服之說生；以齊桓之圖霸，故管子之

·国学概论·
神州国光社
一九三二年版

書生；以齊景之逸樂，故晏子之諫生，以六國之爭，故縱橫修短生，以韓法之無定，故申子刑名之書生；以秦孝之圖强，故商鞅之法生。而要以謂諸子之學，皆生於應時變之所需。

其次則史記述司馬談之論六家要指也。談舉陰陽，儒，墨，名，法，道德爲六家，祇評其短長，而不敍其來歷，約謂：陰陽使人拘而多畏，然序四時之大順不可失；儒者博而寡要，勞而少功，然列序人倫不可易；墨者儉而難遵，然彊本節用不可廢；法家嚴而少恩，然正上下之分不可改；名家使人儉而失眞，然正名實不可不察；惟道家因陰陽之大順，采儒墨之善，撮名法之要，與時遷移，應物變化，立俗施事，無所不宜。而要以謂諸子之學，皆務爲治，故同歸而殊塗。

又次則漢書藝文志之敍諸子也。班固因劉歆七略而作藝文志，著錄漢代官書而括其旨意，并論諸子之所出，約謂：儒者出於司徒之官，於道爲最高，及辟者則隨時抑揚，違離道本；道家出於史官，淸虛卑弱，及放者則絕去禮學，兼棄仁義；陰陽家出於義和之官，敬授民時，及拘者則舍人事任鬼神；法家出於理官，信賞必罰以輔禮制，及刻者則專任刑法，傷恩薄厚；名家出於禮官，長於正名，及警者則鈎鈲析亂；墨家出於淸廟之守，貴儉，兼愛，上賢，右鬼，非命，上同，及蔽者則儉以非禮，兼愛而不別親疏；縱橫家出於行人之官，權事制宜，及邪人則上詐棄信；雜家出於議官，兼儒墨，合名法，及盪者則漫羨而無所歸心，農家出於農稷之官，播百穀，勸耕桑，以足衣食，及鄙者則欲使君臣並耕，誖上下之序；是爲九流。（此外尚有小說家，出於稗官，所謂諸子十家，可觀者九家。）而要以謂諸子皆起於王道既微，諸侯力政，九家各引一端，馳說取合，雖有蔽短，要亦六經之支流。

觀上諸說，淮南敍而不評；司馬評而不敍；班則兼之。然司馬右道，班則崇儒；淮南以爲其生應時，班則以爲俱出王官，是亦兼異二子也。儒道之軒輊，原屬主觀，不必申論。而諸子究屬應時抑出王官？則後人各有從違，爭論不已。實則學術之興，斷非無本，有本亦斷無不變。百家言黃帝，文不雅馴，而道術各異；儒墨稱堯舜，自謂爲眞，而取舍不同：其明證也。三代學守於官，本之所出；戰國時變日亟，變之所生。必謂某家卽屬某官，固鄰推鑿而謂諸子純爲自創，亦覺粗疏。試觀其同異襲革之跡，知初無畛畦之隔，而後則胡越之殊；又觀其方軌並鶩之時，知世無彼此之殊，而道則水火之別。譬諸羣醫之視一疾，攻補異主，識之所屆偏也；鍼藥殊方，術之所受殊也。彼堅持王官之說者，泥本而忽於變；隻舉應時之說者，語變而昧於本，其失一也。至於索諸班說之外，而創爲諸子出於道家，出於史官，出於禮官者，則又徒事標新析亂其證，支離其辭，不足辯。

·国学概论·
神州国光社
一九三二年版

第二章　魏晉玄學

秦政初兼天下，盡革古制，博士儒生相與非議，乃用李斯議『別黑白而定一尊』，盡收天下詩書百家語雜燒之；又繼之以阬儒之慘。由是諸家之學銷匿不張，雖隱祕或存亦已微矣。秦鹿漢得，而高帝不好文學；一二學者如陸賈叔孫通輩，雖亦稍稱述古先，議定禮樂，然文獻無徵，參稽不富，未足以恢張學術之塗域也。至惠帝始除挾書之禁；文帝廣開獻書之路；武帝更建藏書之策，置寫書之官，五經各設博士，諸子皆充祕府。其於文治，蓋彬彬矣！成帝使陳農求遺書於天下，詔劉向校經傳諸子詩賦，任宏校兵書，尹咸校數術，李柱國校方技，向輒條其篇目，撮其指意，錄而奏之。向卒，哀帝復使其子歆卒父業，於是總羣書而奏七略。古籍之目，實賴此巋然而猶存。

漢代儒術之盛，軼於前古。西漢經生墨守家法，見諸實施；東京諸儒廣受門徒，箸述宏富。學校既普，學子復多，風俗之淳，氣節之振，有自來也。參第一編第二章　然治諸子之學者

·国学概论·
神州国光社
一九三二年版

亦不乏人，初不以董仲舒之「推明孔氏，抑黜百家」及衞綰之『奏罷賢良治申商韓非蘇張者』而絕跡也。其前則有蓋公言黃老，曹參師之，其治用黃老術清靜寧一；竇太后好黃老；司馬談習道論於黃子；鼂錯學申商刑名於軹張恢生所；韓安國受韓子雜說鄒田生所；田蚡學盤盂諸書；主父偃學長短縱橫術；東方朔學孫吳兵法；至淮南王招致賓客方術之士數千人作爲內外書，則諸家皆備矣。其後則有楊王孫學黃老，主裸葬；路溫舒學律令，鄭昌，鄭弘，于定國，鄭崇父賓，丙吉等，皆明法律，各見本傳。至於藝文志所著錄之書：道家有曹羽，郎中嬰齊；陰陽家有衞侯官，于長；法家有鼂錯；縱橫家有蒯通，鄒陽，主父偃，徐樂，莊安，聊蒼；雜家有淮南，東方朔；農家有董安國，尹都尉氾勝之，蔡癸；小說家有待詔臣饒，安成，虞初等：悉西漢人也。東京以後，則有耿況學老子於安丘先生；淳于恭善說老子；范升習老子，教授後生；矯慎少學黃老；陽球好申韓之學；郭弘父子數世皆傳法律；侯霸從鍾寧君受律；鍾皓善刑律，以律教授，各見本傳。至於隋書經籍志所著錄諸家之書：道家有嚴遵及虞翻老子注；法家有崔寔正論；雜家有王充論衡，應劭風俗通義，仲長統昌言；農家有崔寔四人月令等：悉東漢人也。惟是名墨之言，闃然無作。殆以詭辯之變，見屏於道家，兼愛之偏，折衷於儒氏歟！

兩漢之學，儒道爲盛，顧二者多不相入：道言人而本乎天，儒言天亦本乎人。道術百出而返之虛無；儒術多方而歸諸實有。然儒者於此而有欲貫通融會之者，則天人之學生焉。司馬談系出重黎，世序天地，爲太史令，掌天時星曆；談嘗學天官於唐都，受易於楊何，習道論於黃子。董仲舒通春秋學，其對策謂『春秋視前世已行之事，觀天人相與之際』；『上承天之所爲，而下以正其所爲』；『書邦家之過，兼災異之變，以此見人之所爲，其美惡之極，乃與天地流通而往來相應』。其治國以春秋災異之變，推陰陽所以錯行，故求雨閉諸陽，縱諸陰，其止雨反是。自是儒者宗之，競相傳肄，不期而與神仙方術之學會矣。

神仙方術者，導自騶衍陰陽之說。衍列中國名山大川，通谷禽獸，水土所殖，物類所珍，因而推之及海外人之所不能睹，謂中國爲赤縣神州，其外有如此者九州，有裨

·国学概论·
神州国光社
一九三二年版

海環之爲一區，如此者又九州，此求仙采藥之事所由生也。其序今以上至黃帝並世盛衰禨祥度制，推至天地未生，稱引天地剖判以來五德轉移，治各有宜而符應若茲。此五行災異之術所由出也。自是方士附益其說，恣爲荒唐。雖以秦始雄鷙，亦且推終始五德之傳，自居水德；遣齊人徐市求三神山，燕人盧生求羨門，韓終，侯公，石生，求仙人不死藥，一再不悟。一時博士儒生陳諱儒道，僅候星氣。及侯盧亡去，復不分文學方術而幷阬之。而「亡秦者胡也」「今年祖龍死」之讖，亦由此起，降及漢武，初好儒術，繼信方士；（封少翁爲文成將軍，欒大爲五利將軍樂通侯，公孫卿爲中大夫。）屢獲祥異，播諸詠歌。晚尤冀慕神仙，封禪祠祀無虛歲，求仙采藥一如秦皇，而頗采儒術以文之。一時儒生既不能持正以袪其惑，於是緣飾天人感應陰陽休咎之說，增益祕緯，牽合經義，極陳災祥，蘄以施善修德。然效不可收，而儒術則由此亂矣！

儒家天人之學，所推本者四焉：一曰易象，二曰書洪範，三曰春秋，四曰齊詩，按漢書所述諸儒爲此學者甚衆。武帝時，董仲舒外，有夏侯始昌，以齊詩尚書敎授，明於陰陽，先言柏梁臺災日，至期果災。昭、宣之際，有眭弘，治春秋，論石立柳起，當有從匹夫爲天子者，其應在宣帝興於民間；夏侯勝從始昌受尙書及洪範五行傳，說災異，論天陰不雨，必有臣下謀上者，其應在霍光廢昌邑王。元、成之際，有京房，受易梁人焦延壽，長於災變，以卦氣爲占驗，又稱春秋災異，作易傳，後爲石顯譖誅；翼奉治齊詩，好律曆陰陽之占，上封事論六情十二律及甲子主忌，謂『易有陰陽，詩有五際，春秋有災異，』皆列終始，推得失，考天心；谷永於天官京氏易爲最密，故善言災異，謂『災異之發，各象過失，以類告人；』劉向當宣帝初興神仙方術之事時，讀淮南枕中鴻寶苑祕書，獻言黃金可成，費多方不驗，下吏，減死，復用，乃受穀梁春秋，數其禍福，傳以洪範，（向集古符瑞災異著其占驗，比類相從，各有條目，作洪範五行傳論十一篇。）其子歆，治左氏傳，言五行傳又頗不同。哀、平間，歆典儒林史卜之官，考定律曆，著三統曆譜，以說春秋，後益造作符命，阿附王莽；李尋治尙書，獨好洪範災異，又學天文月令陰陽事；高相治易，專說陰陽災異。班孟堅贊謂：『察其所言，仿佛一端，假經設誼，依象託類，或不免乎億則屢中，』信知言也！厥後王莽柄國，初附

·国学概论·
神州国光社
一九三二年版

會祥異以顯其功，如元后詔所謂麟鳳龜龍衆祥之瑞七百有餘，及平憲等奏所稱甘露醴泉鳳皇神爵等，由是競襃稱德美以求容媚。終假丹書金匱以代漢。甚矣奇衺之學，惑世誣民亡國敗家而有餘也！

光武起自田間，匡復舊物。顧其初託圖讖以起，宛人李通初事劉歆，好星曆讖記，爲王莽宗卿師，後以圖讖說光武云，劉氏復起，李氏爲輔。繼因赤伏符而王，光武先在長安時，同舍生彊華自關中奉赤伏符曰『劉秀發兵捕不道，四夷雲集龍鬬野，四七之際火爲主，』羣臣因此勸進。晚猶宣布圖讖於天下，五經之義皆以讖決。其視莽也，成敗雖殊，而依假一也。然王郎，素爲卜相工，明星曆，詐稱成帝子，自立於邯鄲。公孫述述夢有人語之曰『八厶子系，十二爲期，』乃刻其掌文曰『公孫帝，』自立於成都；又妄引讖記，以爲孔子作春秋爲赤制，而斷十二公，明漢至平帝十二代，曆數盡也，一姓不得再受命；又引籙運法曰『廢昌帝，立公孫，』括地象曰『帝軒轅受命，公孫氏握，』援神契曰『西太守，乙卯金，』謂西方太守而乙卯絕金也，五德之運，黃承赤而白繼黃，金據西方爲白德，而代王氏，得其正序。輩亦得憑是讖以爲號召，是知緘縢扃鐍，盜固利之矣。獨惜以光武之明，不能納桓譚切直之諫。譚上疏言：『凡人情忽於見事而貴於異聞，觀先王之所記述，咸以仁義正道爲本，非有奇怪虛誕之事，蓋天道性命，聖人所難言也，自子貢以下不得而聞，況後世淺儒能通之乎？今諸巧慧小才伎數之人，增益圖書，矯稱讖記，以欺惑貪邪，詿誤人主，焉可不抑遠之哉？臣譚伏聞陛下窮折方士之術，甚爲明矣，而乃欲納聽讖記，又何誤哉！』由是儒士皆習內學，尚奇文，貴異數。范蔚宗語 如鄧惲，蘇竟，曹充父子，楊厚，郎顗，襄楷諸儒，多持圖曆論列時政，雖不乏善言，而終近鑿空。餘如翟酺，劉瑜，魏朗，薛漢，姚浚，姜肱等，皆見後漢書，其他見漢碑者多不勝數。遂令東漢儒治，時雜巫風，符瑞災異，代有所聞。人心競逐於虛奇，故妖賊憑陵於草野，如斗米之教，黃巾之亂，蓋其徵也。觀於范書方術傳所列楊由李郃段翳廖扶樊英唐檀公沙穆韓說諸人，皆通經術；夷師儒爲方士，亂中庸於謬悠。聖賢之道不明；淫僻之辭遂作。履霜知漸，被髮興嗟，豈無故哉？

漢末兵戈割據，天下三分，詐諼相仍，是非無正。士之賢者，藏器獨善，肥遯遐荒，如管寧，龐公者固不得已；其不肖者，無行貪汚，苟祿干時，如華歆，賈詡之徒，又無足譏。乃或溷跡市朝，託爲高曠，或祖述老莊，標舉無爲。如阮籍，嵇康，士類慕其放達；何晏，王弼，流風蕩爲清談。由是禮法無存，玄虛相尚，竹林，正始，一時豔稱，元氣之斲與亂俱深矣。干寶晉紀總論曰：『風俗淫僻，恥尚失所。學者以莊老爲宗而黜六經，談者以虛薄爲辯而賤名檢，行身者以放蕩爲道而狹節信，進仕者以苟得爲貴而鄙居正，當官者以望空爲高而笑勤恪。是以目三公爲蕭杌之稱，標上議以虛談之名。』自兩晉歷南北朝，益加推助。觀於衛瓘之歎樂廣，晉書樂廣傳，衛瓘逮與魏正始諸名士談論見廣而奇之曰，『自昔諸賢既沒，常恐微言將絕，而今乃復聞斯言於君矣。』王敦之稱衛玠，王敦見衛玠，謂長史謝鯤曰，『不意永嘉之末，復聞正始之音。』向秀之隱解，秀好老莊之學，爲之隱解，發明奇趣，振起玄風。支遁之造微，沙門支遁以清談著名於時，莫不崇敬，以爲造微之功，足參諸正始。阮瞻三字之辟，

·国学概论·
神州国光社
一九三二年版

阮瞻見司徒王戎，戎問曰，『聖人貴名教，老莊明自然，其旨同異？』瞻曰，『將毋同。』戎咨嗟良久，命辟之，時人謂之『三語掾』。殷浩百語之陳，世說新語，謝鎮西少時，聞殷浩能清言，故往造之，殷爲謝標榜諸義，作數百語，既有佳致，辭條豐蔚，甚足以動心駭聽。王微與何偃之書，宋書，王微與何偃書曰『卿少陶玄風，淹修雅暢，自是正始中人。』袁粲譽張緒之語，南齊書袁粲言於帝曰，『臣觀張緒有正始遺風。』大率紫色鼃聲，迷不知復雖王衍有浮虛之悔語，晉書，王衍妙善玄言，及爲石勒所殺，將死，顧而言曰，『吾曹雖不如古人，向若不祖尙浮虛，戮力以匡天下，猶可不至今日。』卞壼爲鄙吝之諷辭，晉書，阮孚謂壼曰，『卿恆無閒泰，常如含瓦石，不亦勞乎？』壼曰，『諸君以道德恢弘，風流相尙，執鄙吝者，非壼而誰？』傅玄喻病於亡秦，干寶晉紀，傅玄上書曰，『昔魏氏虛無放誕之論，盈於朝野，使天下無復淸議，而亡秦之病復發於今。』陶侃希蹤於大禹，晉陽秋，侃勤而整，自強不息，又好督勸於人，常云，『民生在勤，大禹聖人猶惜寸陰，至於凡俗，當惜分陰，豈可游逸，生無聞於時，死無聞於後，是自棄也。』亦何救於儆俗乎！

雖然，玄學之興，術數老莊二端足以啓之，而不足以大之也。其所以大之者則別有二事焉：

一則佛教之入中國也。——佛教起自印度，始於釋迦牟尼，隋書經籍志謂生當周莊王九年，魏書釋老志同，而又謂是『春秋魯莊公七年夏四月恆星不見夜明』，然莊公七年，實當周莊王十年。又釋氏稽古略謂當周昭王九年甲寅，然按紀元編是年實爲戊申，皆有未合。今據東洋史要，生當周靈王十五年甲辰四月八日，歿當周敬王四十三年甲子二月十五日，壽八十一歲。釋迦初爲迦維衞國淨飯王太子，出家雪山，苦行六年而成佛道。初，印度有九十六大外道，九萬三千眷屬外道；有四吠陀，一阿由吠陀，養生繕性，二洙夜吠陀，祭祀祈禱，三波摩吠陀，禮卜兵法，四阿健婆吠陀，技術醫方。五明一聲明，文字；二醫方明；三因明，考覈名實；四工巧明；五內明，調御身心。之術。婆羅門諸師種種邪執，莫不自謂無上知見，爲天人師。其徒從之，乃至祠祭草木鳥獸等神，修持苦行自殺等法，迷而不返。及釋迦出而諸法摧伏。然佛有實諦，有權跡。實諦者，依衆生心而立，以衆生心具理智，還敎衆生，令其自悟也。權跡者，對諸外道而立，卽外道所具理事以敎外道，令自覺迷妄而悟眞實也。實諦在除我執而去其有所得心，然後知心佛衆生，無有差別。心徧一切，畢竟無相；是以一切衆生自證自心，卽名爲佛。權跡則依婆羅門故有之軌跡以立敎，所謂三寶，佛，法，僧。五戒，殺，盜，淫，飲酒，妄語。五大，地，水，火，風，空。五神通，天耳，天眼，他心，宿命，神足。四諦，苦，集，滅，道。三乘，聲聞，緣覺，菩薩。六度，施，戒，忍，進，禪，智。三界，欲，色，無色。六道，地獄，畜生，餓鬼，修羅，人，天。輪迴，涅槃，淨土等說，袈裟，持鉢，乞食等事，莫不本外道所立，以期同行而後可以攝化。乃後學往往執權爲實，曲相師效，存跡遺神，百年而後，異計競起，紛紜交諍，羣趨小乘。小乘由二十部分至五百部。自龍樹立大乘，宏般若，猶言智慧。以破邪見，小諍始寂。然數百年後，

·国学概论·
神州国光社
一九三二年版

異計亦與空有性，相遂成敵對。及印度佛教既衰，始由西域傳入中國。（漢哀帝元壽元年，博士弟子秦景，受大月氏王使伊存口授浮屠經，中土聞之猶未信。及明帝永平十七年遣郎中蔡愔及秦景使于竺求之，得四十二章經及釋迦立象，並與沙門攝摩騰，竺法蘭東還，以白馬負經，乃立白馬寺於洛陽城雍門西。）自是月氏安息高僧踵至，多譯經典，（安世高譯三十餘部，支讖，竺佛朔，安玄，康僧會，支謙，支亮，皆有所譯，迄漢末共得佛經律二百九十三部。）歷兩晉南北朝尤盛，而以後趙佛圖澄，西秦鳩摩羅什爲最著。（佛圖澄多異術，石虎極崇信之。鳩摩羅什譯大小乘經律論不可勝計，皆中道實歸，姚興極崇信之。）而中國沙門如朱士行，宋雲，智猛，法顯，法勇等亦西行求經；支遁，道安，慧遠，慧持等復講經宏法。君主如趙石虎，秦姚興，梁武帝，北魏明帝等，又極意推崇，寺刹浮圖，徧於天下。語其利也，則智者空法相而契中道，足輔吾仁；愚者憚因果而戒偏私，可幾於義。語其害也，則上焉者廢事逃禪，藉空假之名理以濟其姦；下焉者悖倫苟安，託無礙之玄義以逋其罪。然而契中道者極寡，憚因果者亦希，而廢事逃禪，悖倫苟安之徒，則滔滔皆是。六朝玄風，得此而益爲橫決矣。（參李君翊灼說）

一則道家之變爲丹經符籙也。——神仙方術，導自陰陽，雖間涉黃老，初未嘗過於穿鑿也；秦盧生，漢欒大輩，所謂求藥，蓋服食之事耳；東漢陰長生，（著書九篇，詩三章，自謂受仙君神丹，道成去世。魏伯陽著大易參同契三卷，假易爻彖以論作丹之意。輩所謂作丹，蓋煉養之事耳。乃漢末巫風日盛，流變迭起。米道者，始於沛人張陵，居蜀之鵠鳴山，造道書二十四篇。詭言有天人下，千乘萬騎，金車羽蓋，驂駕龍虎，不可勝數；或自稱柱下史，或稱東海小童，乃授以新出正一明威之道，能治疾病。百姓羣奉事之以爲師，弟子戶至數萬；卽立祭酒，分領其戶，有如官長，並立條制，以神鬼疾病恐民。民納米絹器物紙筆樵薪什物，病者家出米五斗以爲常，故號五斗米師。陵死，子衡行其道；衡死，子魯復據漢中，以鬼道教民，自號師君。其學道者初皆名鬼卒，及受本道已信，號祭酒，各領部衆；多者爲治頭大祭酒。皆教以誠信不欺詐，有病自首其過，大都與黃巾相似。後爲曹操收服，封閬中侯。三國志張魯傳，參葛洪神仙傳。黃巾者，始於鉅鹿人張角，自稱大賢良師，奉事黃老道，畜養弟子，跪拜首過，符水呪說以療病，百姓信向之。因遣弟子八人使四方，以善道化天下，相誑惑。十餘年間，徒衆數十萬。遂置三十六方，各立渠帥，訛言蒼天已死，黃天當立，歲在甲子，天下大吉。以白土書京師城門及州郡官府，皆作甲子字。及作亂，以黃巾爲標幟，時人謂之黃巾，亦曰蛾賊。

·国学概论·
神州国光社
一九三二年版

角與弟梁寶，自稱天公，地公，人公將軍。後爲皇甫嵩討平。後漢書皇甫嵩傳。自是三國左慈，于吉輩時以幻術遊戲炫人；晉許遜，郭璞輩復多異跡使人信慕。是時仙經祕文競作，多剽竊佛經而附益其說，謂有原始天尊，生於太元之初，稟自然之氣，沖虛凝遠，莫知所極。所說天地淪壞劫數終盡，略與佛經同。天尊之體常存不滅，每至天地初開，開劫度人，所度諸天仙上品，有太上老君，太上丈人，天眞皇人，五方天帝及諸仙官。所說之經，與天尊常在不滅。劫運若開，其文自見，凡八字盡道體之奧，謂之天書。天尊開劫，乃命天眞皇人改囀天音而辨析之。自天眞以下至於諸仙，以次相受。世人積而修習，漸至長生，自然神化，或白日登仙，與道合體，其受道之法，初受五千文籙，次受三洞籙，次受洞玄籙，次上清籙。籙皆素書，紀諸天曹官屬之名，文章詭怪，世所不識。弟子得籙，緘而佩之，又有潔齋之法，消災度厄之法，上章，設醮，除病，登刃，入火，辟穀諸法。(節隋書經籍志)又造眞仙通鑑，開天經，造天地經，清淨法行經，老子化胡經等，率多荒誕可笑。而葛洪更著抱朴子內篇論神仙修煉符籙劾治諸事；又作神仙傳敘自古學道得仙者八十四人。於是江左士夫，有信佛者如何充及弟準；有信天師道者如郗愔及弟曇，謝萬譏之云『二郗諂於道，二何佞于佛。』而殷仲堪，王凝之信米道尤篤，至死不悟；王坦之奉佛，導孫珣，珉，以法護，僧彌爲小字，珣又捨宅爲寺，則佞佛亦至。孫恩，盧循之禍亦繼踵起矣；晉書孫恩傳，世奉五斗米道。叔父泰師事杜子恭，誑誘百姓，私集徒衆作亂。泰死，恩據會稽，自號征東將軍。後爲劉裕所破，恩赴海自沈，妖黨妓妾，謂之水仙，投水從死者百數十。餘衆復推其妹夫盧循爲主，後亦爲裕所敗。佛道俱興，玄學益廣。晉宋以後，乃至立玄學教授生徒。宋文帝使丹陽尹何尚之立玄學，聚生徒，謂之南學，與史學儒學文學並立爲四學。甚且合周易老莊，總謂三玄；合沙門道士皆傳其業。慧遠博綜六經，尤善莊老。支遁亦善清談。張譏好玄言，講周易，老，莊，儒生陸元朗，朱孟博，沙門法才，慧拔，道士姚綏皆受業。儒道不分老釋互混。梁邵陵王倫引馬樞爲學士，令同時講維摩，老子，周易。或詆排奔競欲自廣以狹人或附會支離思援人而重己爭端之啓，如魏太武寵信嵩山道士寇謙之，自云嘗遇眞人成公興，後遇太上老君授爲天師。又賜以雲中音誦科誡二十卷。又使玉女授其服食導引之法，遂得辟穀。後又遇神人李譜，云是老君玄孫，授其圖籙眞經，劾召百神。最後，太上復降，賜以新科符籙六十餘卷，及銷鍊金丹雲英八石玉漿之法。太武始光之初，奉獻其書，太武親備法駕而受籙，自是道業大行。(隋志)竟至阬沙門焚佛像。而梁武雖初信道流，陶弘景隱於句容，好陰陽五行風角星算，修辟穀導引之法，受道德符籙。梁武帝素與之遊。及禪代之際，弘景取圖讖之文，合成景梁字以獻，由是恩遇甚厚。(由此可證陰陽圖讖神仙符籙均出一塗)又撰眞誥七篇，紀神仙授受眞訣之事；凡降現日月文字語言，一一詳載。又言，神丹可成，服之長生，帝令試合，竟不能就。武帝弱年好事，先受道法；及即位，猶數上章。陳武帝亦奉焉。(隋志)而晚宗釋氏。於華林園中，總集釋氏經典五千四百卷。又建同泰寺，捨身其中。自是二家迭有廢興。至北周武帝則崇儒術，斷佛老經像，悉毁，罷沙門道士，並令還民；旋立通道觀，令釋道有名者普著衣冠爲學士。然而三教之緒久亂，二氏之旨亦訛，孰知天下之正色哉？

要而論之：釋氏空明微妙；而逐權遺實，大乘之義難明。道家簡要清虛而弔詭行欺，末流之陋可哂。若夫儒家之道，本貴平實，不尚新奇。經傳所載，言教所垂，孰非倫常

·国学概论·
神州国光社
一九三二年版

日用之資，前史已驗之跡？推諸外物，無貴賤而咸宜；證之內心，靡賢愚而共適。至誠無息，自極於高明，道不遠人，何求於隱怪？顧自漢以還，儒多詭俗，繹其障蔽，大致有三：或以大易八索見象於吉凶，洪範九疇取徵於休咎。遂謂知藏之事，悉託蓍龜；福極之端，惟憑曆數，不知乾坤成列，事業生於變通；皇極敷言，王道歸乎彝訓。且即象觀變，豈枯朽之有知？迪吉逆凶，匪禨祥之可盡。是以季路問鬼，孔子答以事人；周幽不懲，詩人刺其占夢。至誠之道，詎鶩鬼神？讖緯惑衆，其障一也。又或以適周問禮，已著於遷書；垂拱無爲，亦稱乎舜治。遂謂洙泗之化，並出玄宗；清淨之方，同符柱史。不知敏求好問，特夫子之虛衷；喜起明良，見虞廷之盛治。況文行忠信之教，逈異玄談；任賢考績之勞，不同尸位。是以下學上達，鳥獸不可同羣；修己安人，堯舜歎其猶病。仁義之實，詎等虛無？清談誤人，其障二也。至乃混通儒釋，牽合戎華，指三教爲同源，齊萬化而一體。附會『西方有聖』之說，（列子仲尼篇，孔子對商太宰曰，『西方之人有聖者焉，不治而不亂，不言而自信，不化而自行，蕩蕩乎民無能名焉。丘疑其爲聖，不知眞爲聖歟？眞不聖歟？』）濫引『清導十方』之文。（僧愍戎華論，引佛經佛據天地之中能清導十方，故知天竺之土是中國也。）儒士亦遂昧於本根，不究黑白，謂入世出世，用各有宜；而惻隱慈悲，理終莫二。不知儒者仁民愛物，實始於親親；釋氏空相，不生，遑言乎倫紀。綱領既別，條目全非。援佛亂儒，其障三也。夫學術之歧，何代蔑有？但使各明旨要，則並育無傷；強傅異同，則片言可亂。自漢迄隋，道微風敝，厲階之起，悉自俗儒。昔范甯歸罪王何，儗之桀紂。謂其「荒棄典文，不遵禮度，游詞浮說，波蕩後生；遂令仁義幽淪，儒雅蒙塵，禮壞樂崩，中原傾覆。」嗚呼！自喪迷衆之士，天下滔滔，可罪者寧獨王何耶？

·国学概论·

神州国光社
一九三二年版

第三章 宋明理學

隋承六代之後，風俗奢淫，士習卑陋。學佛者逃於空虛；崇道者騖於玄怪。一時儒生績學，如劉焯，劉炫者，又或不終令名，使士無所式。惟王通講學河汾，以道自任，雖其書出後嗣傳託，塗附顯達，模儗孔門，不免識者之譏，而要爲遯世守貞之士，不盡誣也。是時學術之彰者經疏小學而外，天文曆數亦盛，而尤以翻譯佛經爲弘。（開皇間，在大興善寺翻經，大業初，更立翻經館。）乃短祚遽移，集命唐室。太宗以雄才大略，旁騖文史，深慕浮屠。適沙門玄奘（姓陳氏，洛州偃師人。）博涉經論，志求異本以爲參驗；進遊西域，凡十七年，經百餘國，歸見太宗，詔將梵本大乘經律論六百五十七部於弘福寺翻譯，廣召碩學沙門相助整比，自是佛經詞優義正。續西行求經者有義淨（姓張氏，范陽人，高宗咸亨時往，天后證聖時還，譯經七十四部。）會寧，（高宗麟德時往）不空，（西域人，玄宗開元時往，天寶中還，譯經七十七部。）悟空（姓車氏，雲陽人，玄宗天寶時往，德宗貞元時還。）等，宗風大暢，佛教之盛，與唐始終矣。

自鳩摩羅什初來中國，中道實諦，湛然一味，尚無宗名。隋唐以降，乃襲印度諍論緒餘，分性分相，立爲三論，天台，慈恩，華嚴，禪，淨，密，律諸宗，各標異幟，互襲互傾。然在智顗，玄奘，法藏等雖倡異義，未立異宗。及其弟子則曲傳師說，變本加厲，抑他揚己，門戶徒爭。論者謂中國機根駿利，每能會般若深旨，然操縱便己，亦緣是以生。故各宗建立，封步分塗，多與印度有異。近人遂綜括爲十宗，略述如次：

一曰三論宗——亦稱法性宗。此宗以中論，（龍樹菩薩造）百論，（提婆菩薩造）十二門論（龍樹造）爲本，或加大智度論（龍樹造）稱四論宗。以八不利劍破除有所得邪執，而示中道實諦，蓋般若之正義也。文殊師利實爲初祖，馬鳴，龍樹，清辨諸菩薩繼之。羅什東來，譯傳斯旨；生，（道生）道，（僧道）肇，（僧肇）融，（道融）睿（僧睿）之徒宏大之，至於吉藏（胡人，號曰嘉祥大師。）遂總其成。唐時諸宗孜孜權跡，此宗典籍，遂流傳於日本。

二曰成實宗——此宗以成實論爲本。論屬小乘，義準大乘，以明我法二空，能得無住意也。羅什宏揚般若，兼譯此文，又命弟子僧睿講釋，以爲三論之助，故後亦隨性宗而微。

·国学概论·
神州国光社
一九三二年版

三曰天台宗——此宗以中論三諦偈爲本，而立一心三觀；以法華經爲用，而立五時，四教。隋智顗（居天台山，稱智者大師。）承惠文惠思（居南岳，稱南岳大師。）之旨，始開宗義。其徒灌頂（章安人，稱章安大師。）廣造章疏，巧釋名相以成其義，遂代三論宗而名於世。自其弟子智威而後，隨文取相，排異阿同，及宋遂晦。

四曰慈恩宗——亦稱法相宗，唯識宗。此宗以楞伽等經（楞伽，華嚴，解深密，密嚴等。）瑜伽師地等論（瑜伽師地，唯識，顯揚，攝大乘，辨中邊，觀所緣，雜集等。）爲本，而立八識，三性，三無性，三時諸法。自彌勒，世親，析相詮空，以顯中道妙有。戒賢等乃執妙有之義，易違識性。玄奘學於戒賢，開宗慈恩寺，門徒蕃衍。然至晚年，深悟眞空之旨，而悔逐相之非，故孜孜以譯大般若經爲務。弟子窺基晚亦悟此，故有唯識料簡之作。其他徒衆則執名取相，異計横生，不二世而妙有之宗遂晦。

五曰俱舍宗——此宗以俱舍論（世親菩薩造）爲本。論屬小乘；義明一切諸法相實有，而衆生心空，我不可得，故亦名我空法有宗。陳眞諦初譯其文，玄奘以其未盡，特再譯

·国学概论·
神州国光社
一九三二年版

之以爲唯識法相之助，故後亦隨相宗而微。

六曰華嚴宗——亦稱賢首宗此宗以華嚴經爲本。依華嚴觀法界性一偈，立六相，十玄，以明緣起圓融理事無礙之義。唐法藏（時稱賢首大師）承杜法順，智儼之旨立五敎，四法界以別於天台唯識。其徒澄觀（稱淸涼大師）宗密（稱圭峯大師）廣爲章疏，宏其義相，及末流藉無礙之玄言爲犯戒之鄙行，而宗風遂微。

七曰淨土宗——此宗以無量壽經，觀無量壽經，阿彌陀經爲本，以念佛因緣，回所修業，求生淨土；蓋念佛而念自心，無生而生心土也。晉慧遠承龍樹，世親論義以開此宗；曇鸞繼之，注往生論，以明心佛惟一，自他不二之理。其後道綽，善導，廣爲宏揚，創稱名之法。（稱名之法，出阿彌陀經，蓋瑜伽三密相應之義也。三密者，手持珠，口稱名，心與佛心相應，是爲一念。一念不二，卽心卽佛。）宋明而後，奉者雖多，而悟淨者希，懷土者衆，遂溺權跡而昧實諦。

八曰禪宗——此宗以般若爲本，由慧生定，離文字相，直指人心，見性成佛。達摩遠宗摩訶迦葉，來中國後，開此心地法門。遞傳慧可，僧璨，道信，弘忍，慧能；復分南嶽（衡州）

僧懷讓青原吉州僧行思二宗。唐末，南嶽復分臨濟，溈仰二派；青原復分曹洞，雲門，法眼三派。自是漸相違異而臨濟獨盛綿於宋元。

九曰密宗——亦稱眞言宗此宗以般若理趣經爲本以大日經，金剛頂經爲用。以緣生，日輪諸觀，證心體之眞；以三密加持儀軌，爲行法之助。又厲盜法之禁，嚴灌頂之儀。事相雖奇，然以般若爲本，無異羅什所傳之中道。自大日如來以瑜伽五部傳之金剛薩埵，再傳龍樹，一名龍猛龍智，又再傳金剛智，始來中國開宗；不空，惠果等復宏大之。及後則孜孜事相，等衆生心之法，乃化爲罪藪，而漸以亡；其宗義遂流於日本。

十曰律宗——此宗以依戒律爲本。律有大小乘：小乘隨事制戒，多同印度外道；大乘因心制戒，則對外道而立。其遠祖爲優波離尊者，集四部律，謂之毗尼。魏嘉平初，曇柯羅始持僧祇戒本至洛陽；唐道宣號澄照律師乃立宗儀。然其徒多究律相，鮮識戒心；故末流傳受誦持，盡成虛妄，而宗風日微。

佛教之盛如此；而道教之勢亦起與頡頏。唐自以系出老子，尊老子爲玄元皇帝。

玄宗開元天寶間，詔兩京及諸州各置玄元皇帝廟，置崇玄學，設博士助教，及學生百員，令習道德經及莊子，列子，文子等，並號莊子爲南華眞人，列子爲沖虛眞人，文子爲通玄眞人，庚桑子爲洞虛眞人，其書俱號眞經。於是廣立道觀，設爲法師，威儀師，律師，鍊師等名，齋醮章醮之事日盛，貴族士女多棄家入道者。開元中，列道家書爲道藏，目曰三洞瓊綱。宋祥符中，更刊補之，賜名曰寶文統錄。由是人心墮於幽杳荒怪，異聞奇跡，疊見簡編。太平廣記五百卷，多自道藏釋藏稗史錄出，內有神仙五十五卷，女仙十五卷，道術五卷，方士五卷，異人六卷，及神鬼妖精各門。宋以後尚多續出。使未入者聞說以慕其風，既入者護短而神其說。遂至析亂史傳，厚誣古人，矛盾支離，不值一噱。

唐以後道士最多，其著者有明崇儼，葉法善，翟乾祐；五代之著者則譚紫霄，杜光庭；宋則薩守堅，王文卿，而林靈素最顯。杜光庭始創爲科教，雖言盡鄙淺，而宋世重之，自朝廷以至閭巷所在盛行。宋徽宗自號曰道君皇帝，足見崇信。而張氏正一教子孫世掌符籙科教，自五代迄宋元而日見崇禮。五代稱先生，元賜號沖和眞人，元末尊稱天師，明初易號大眞人，後又稱天師。南宋時，道教又分南北二宗，初悉導於呂巖，巖得之鍾離權，權得之少華陽君。自劉海蟾操承巖傳，遞授張伯

·国学概论·
神州国光社
一九三二年版

端，石泰，薛道光，陳楠，白玉蟾，彭耜爲南宗，兼主煉養服食；自王重陽哲承巖傳，遞授馬鈺，譚處瑞，劉處玄，丘處機爲北宗，一號全眞教，專主煉養。此馬端臨所謂『道家之術雜而多端』也。

晁公武曰：『自漢以後，九流浸微；隋唐之間，又尙辭章，不復聞義理之實，雖以儒自名者，亦不知何等爲儒術矣，況其次者哉？百家壅底，正塗之弊雖息，而神仙服食之說盛，釋氏因果之敎興，雜然與儒者抗衡，而意常先之。君子雖有取焉，而學之者不爲其所誤者鮮矣，則爲患又甚於漢。蓋彼八家皆有補於時，而此二教皆無意於世也。』見文獻通考經籍考仙釋類後。　二氏之與儒分塗，固已，而推其本原，未始無意於世也。乃以舍平實之道，務玄遠之思，遂使愚闇者莫得其入手之方，桀黠者可施其爲幻之智，故流變愈遠而愈失其眞耳。夫儒術寧少歧塗？儒士豈無依假？惟以事切日用，而理當人心，是以晦自一時，而明於千古。故曰：『道也者不可須臾離也』；又曰：『仁者，人也，合而言之，道也。』夫爲儒者務明不可離之人道，然後易知易從，使善依假者莫售其欺，適歧塗者

·国学概论·
神州国光社
一九三二年版

不遠而復故魏晉以降雖玄學大張儒之不絕如縷；而剝極復至終無害於宋儒理學之復興。

宋儒理學，以韓愈啓其先聲。愈作原道，極陳禹，湯，文，武，周，孔之道，不外敎民以相生相養；其闢老也，則謂仁義爲定名，道德爲虛位。不可去仁義而言道德；其闢佛也，則謂正心誠意，將以有爲，不得外天下國家而言治心。語雖簡略，未嘗深發儒學之藏；然當唐代沈酣佛老之時，此亦曙鐘鳴鳳也。觀其與孟尙書書，推尊孟子闢楊墨之功不在禹下而自謂欲全儒道於已壞之後，不以摧折而自毀，蓋隱然自況焉。顧或謂昌黎徒見佛老之末流，而未得其眞處，故持論未堅。不知佛老之害正在末流，如玄宗之自號上清弟子，憲宗之迎佛骨，羣士大夫之張皇二氏，闇於立身處事之方，以至政亂於中，兵驕於外，士失所守，民被其殃，何莫非作心害事，作事害政使然？若夫二氏設敎之用心，皆未嘗不出於濟世；特以義非中道，偏宕必生，功未易呈，弊則踵至。譬諸鍼砭藥餌之已疾，何如菽粟布帛之養生？又況失宜者使精氣內傷，鄙狡者更居奇射利乎？

六經皆先王之政典，爲言行之泉源。顧自衰周以降，敎養之具相次而盡廢，後世志於學者，不見事實，徒索簡編，苟取講衆多設問難；遂至累世不能通其學，當年不能究其禮。故司馬談謂『儒者博而寡要，勞而少功。』然而止至善，致中和，標本末，析天人者，則有大學中庸二篇存焉。自漢以來，習戴禮者雖多，而未嘗特加標舉。獨李翺受學昌黎，作復性書以明二篇深旨，於是儒學可得要領，亦開宋儒之先。

宋承五季之亂，天下初定，未遑文治。底於仁宗慶曆間已八十餘年，講學之風，勃然雲起，而以安定胡瑗，泰山孫復爲先河。安定起於南，泰山起於北。安定沈潛，泰山高明。安定篤實，泰山剛健，皆各得其性稟之所近，而安定爲尤醇。安定初以經術倡敎吳中；景祐初，以保寧節度推官敎授湖州；後爲直講，朝命專主太學之政。以經義治事分齋，甄別人物，有好經術者，有好談兵者，有好節義者，使之以類羣居講習。時召諸所學爲定其理；或自出一義，使人人各對爲可否之；或就當世政治俾之折衷。故人皆樂從而各有成就，弟子先後至一千七百餘人。如程頤，徐積，二范純祐純仁，二呂希哲希純，皆著。泰山應舉不第，退居泰山，聚徒箸書，以治經爲教。魯之學者自徂徠石介而下，如文彥博，朱長文，范純仁，呂希哲等，皆師事維謹。宋史謂其治經過於安定云。同時在朝達者則有高平范仲淹，廬陵歐陽修，皆卓然有見於道之大槪，左提右挈，於是學校徧於四方，師儒之道以立。高平一生純粹無疵，而導橫渠（張載）以入聖人之室，開關學之宗，尤爲有功。門人如富弼，石介，李覯，子則純祐，純仁，純禮，純粹，並有所成。廬陵冲和安靜，天資近道，稍加於學，遂有所得而宏獎風流，屢知貢舉，門下所出如王安石，曾鞏，二蘇（軾轍），二劉，（敞攽）焦千之等皆著。在野之學者則有古靈陳襄及士建中諸儒。古靈起於閩南，講學以誠明爲主，立朝以薦賢爲急，與安定泰山相呼應；門人如孫覺，管師復，皆兼師安定者。士建中起於齊魯，嘗以泰山五十未娶，謀爲之買田以置室，又箴規徂徠，謂其未抵中道。蓋伊洛以前躬行君子也。

宋儒闡心性義理之學者，首推濂溪周敦頤。濂溪自謂志伊尹之志，學顏子之學，以誠爲百行之源，以無欲主靜立人極，作通書，太極圖說二書。通書義理較純；太極圖

·国学概论·
神州国光社
一九三二年版

說，尊之者則謂『與伏羲同功，與孔子共貫』，朱子語議之者則謂其『偶傳方士之圖，換其名色，二程子生平俱未嘗一言道及，蓋明知爲異端而莫之齒』，豐道生語皆各有偏。惟黃庭堅謂『茂叔人品甚高，胸懷灑落，如光風霽月』，後人謂爲知德之言。門人如二程，顥頤能推明其道而開伊洛之宗。

宋儒爲圖書象數之學者，首推康節邵雍。康節之學，遠自華山道士陳摶，摶傳种放，放傳穆修，修傳李之才，之才授之康節。康節作皇極經世，借易以推衍治亂之理；其卦氣圖主六日七分，則本京房之說，實術數之附於儒者；先天卦圖以河圖洛書爲本，而創爲先天後天次序方位之說。然河圖洛書，古無定論，孔安國，劉歆，以八卦爲河圖，洪範本文爲洛書；鄭康成依緯書則謂河圖九篇，洛書六篇。其一六居下之圖，皆以爲天地之數，初未嘗以爲河圖。宋劉牧受學陳摶箸易數鉤隱圖，以九數爲河圖，十數爲洛書，與康節異。至朱子作易學啓蒙，則闡康節之說，以虛五與十居中爲太極，奇偶數各二十爲兩儀，一六居下，二七居上，三八居左，四九居右，以一二三四合五而成六七八九爲四象，析四方之合爲乾坤離坎，補四隅之空爲兌震巽艮，並牽扯洛書入之，以傅會大傳『河出圖洛出書聖人則之』之文。自康節張之，而宋儒一時信從。朱熹尤崇奉之，取九圖以冠於易本義之首，謂其學似揚子雲。然康節之學，深自祕惜，非人弗傳，弟子承密授者，惟王豫，

·国学概论·
神州国光社
一九三二年版

張嶓，皆早死；其子伯溫所得未深，故終失傳。

周邵同時大儒，有涑水司馬光；稍後有橫渠張載，明道程顥，伊川程頤，皆卓然儒宗。涑水德行至純，於物澹然無所好，於學無所不通，惟不喜釋老；箸家範理皆平實；箸潛虛，發五行之理而未成。門人如劉安世得其剛健，范祖禹得其純粹，晁說之得其數學，皆著名。而自朱子微嫌其『格物未精』，元吳澄遂謂其『尚在不著不察之列』，非篤論也。橫渠少喜談兵，自受學高平，遂翻然知性命之求；又出入於佛老者累年，繼切磋於二程，遂確歸儒道之正，毅然以聖人之詣爲必可至，三代之治爲必可復。其學尊禮貴德，樂天安命，以易爲宗，以中庸爲體，以孔孟爲法。箸正蒙，西銘，東銘，經學理窟，而西銘旨意更純粹廣大。關中學者宗之，如三呂，大忠，大鈞，大臨范育，其著者也。明道兄弟受學濂溪，伊川兼師安定。全祖望據呂希哲及本中語，斷伊洛之學不出濂溪；黃百家則據明道受學周茂叔之語，而斷其所出。明道德性寬宏，規模闊廣，以光風霽月爲懷；伊川氣質剛方，文理密察，以峭壁孤峯爲體。明道之學，主於識仁，定性。謂『學者先須識仁，識得此理，以誠敬存之，不須防險，不須窮索。』又謂『學以知爲本，且未說到持守，持守甚事，須先在致知。』門人劉安禮謂

『從先生三十餘年，未嘗見其忿厲之容，而於興造禮樂制度，下及兵刑水利之事，無不悉心精鍊』惜其早卒，伊川表其墓謂『孟軻死，聖人之學不傳，學不傳，千載無眞儒；先生生於千四百年後，一人而已』。伊川之學，主於用敬致知。謂『涵養須用敬，進學在致知。』又謂『性即理也，若不能存得，更做甚人。』後儒或謂其大而未化，而發明有過其兄者，劉宗周語 而洛學之統，則自伊川而立矣。是時有王安石之新學，蘇氏之蜀學，紛紜爭訟，遂成敵國。論者謂『荆公欲明聖學而雜於禪，蘇氏出於縱橫而亦雜於禪，』全祖望語 雖傳授頗衆，而學者不以入道學之統也。

洛學門人之高第，如上蔡謝良佐，龜山楊時，廌山游酢，皆兼師二程；尹焞，王蘋，周行己等，則伊川之弟子也。上蔡爲二程首座，啓洛學入楚之始，朱子謂其『英特過於楊，游，』蓋其才高也。門人以朱震爲最著。龜山幼穎異，潛心經史，聞二程講學，以師禮見之於穎昌；其歸也，明道目送之曰：『吾道南矣！』其後又至洛師伊川，卒享耆壽，東南學者，遂推爲洛學正宗。朱子謂『謝得氣剛，楊得氣柔，故謝之言多踔厲風發，楊之言多優柔平緩，』故明道喜龜山，伊川喜上蔡，蓋氣質相近。 門人

·国学概论·
神州国光社
一九三二年版

如陳淵，羅從彥，張九成，其著者也。惟𪅴山遺書不傳，弟子亦不振；甚至如龜山門人胡宏者，詆其爲『程門罪人』，不免太過。尹焞在程門天資最魯，而用志最專，卒以持守而成。王蘋後復師龜山，爲洛學入吳之始，朱子則甚貶之，蓋啓後來陸學之萌者也。周行己與許景衡得伊川之傳，以躬行之學歸教東南，傳鄭伯熊，爲後來永嘉學派所自出。此外尙有與謝，楊，游等兼師友而私淑洛學以大成者，則武夷胡安國，南渡後昌明洛學，功幾侔於龜山。朱子稱其『傳道伊洛，志在春秋，深切著明，體用皆貫。』門人如曾幾，胡銓，薛徽言，子則寅，致堂宏五峯爲最著，而宏尤傑出，卒開湖湘一派。

南宋理學大宗，有南軒張栻，東萊呂祖謙，紫陽朱熹，皆洛學所蕃衍也。南軒遙承涑水，受學五峯，以古聖賢自期，作希顏錄，繼湖湘之緒，而能去短集長，裁其發露而歸於平正。朱子贊曰『擴仁義之端，至於可以彌六合，謹義利之辨，至於可以析秋毫。』呂氏家學淵源，自正獻公著以後，學者輩出，大都集思廣益，不專一師。如滎陽希哲初學於焦千之，廬陵之再傳也；已而學於安定，泰山，康節，亦嘗學於荆公，而歸宿於程氏；晚年又融入釋氏。又如紫微本中初師劉安世，涑水之再傳也；已而學於龜山，廌山，陳瓘，尹焞，王蘋；晚亦溺於禪學。至於東萊，祖謙初師林之奇，汪應辰，又師劉勉之，芮溫，遠紹關洛，旁稽載籍，不見涯涘，兼取人長，不事爭執。朱子贊曰『以一身備四氣之和，以一心涵千古之祕，推其有足以尊主而庇民，出其餘足以範俗而垂世。』紫陽初亦嘗師劉勉之，胡憲，劉子翬，後師延平李侗。侗師豫章羅從彥，本龜山之弟子。故紫陽者，洛學之四傳也。紫陽之學，致廣大而盡精微，大抵以格物致知爲先，以明善誠身爲要；研窮經訓，著易本義，詩集傳，大學，中庸，論語，孟子集註，於是儒道煥然大明。紫陽嘗講學江西之鵝湖，後居福建崇安，晚居建陽；四方就學者極衆，類錄其教語成書一百四十卷，名『朱子語類』。門人如蔡元定，黃榦，輔廣，詹體仁等，各得其大體，而爲宋元之際諸儒宗。

與閩學同時而別樹一幟者，是爲陸學。梭山九韶樸實切用；復齋九齡喜爲討論，惟象山九淵之宗爲最廣。蓋程門自上蔡英特；其後王蘋亦偏於超悟。及象山則天分益高，出語驚人而或失於偏。其學主孟子『先立乎其大者』，謂『學苟知道，則六經皆我註脚。』又謂曾子三省是裏面出來，其學不傳，諸子是外面入去，今傳於世者，皆外入之學，非孔子之眞。初與紫陽會講鵝湖，論多不合。紫陽重道

·国学概论·
神州国光社
一九三二年版

問學；象山則主尊德性；紫陽以爲主敬涵養以立其本，讀書養氣以致其知，身體力行以踐其實，三者交修而並盡，象山則專務主靜，完養精神。然朱子守南康時，請象山於白鹿洞講「君子喻於義」一章，紫陽亦歎其切中學者隱微深痼之病，則二家非甚乖剌，特方法主張則殊耳。後儒或各執一義以相詆，或摘舉紫陽論學之與象山合者，指爲朱子晚年定論，皆徒滋紛擾而已。

永嘉學派，以程門袁氏（道潔）之傳爲別支者始於艮齋。（薛季宣）艮齋之父學於武夷，而艮齋又自成一家，其學主於禮樂制度以求見之事功。當時永嘉陳傅良既得周行己，鄭伯熊之傳，又師艮齋，更主平實。及葉適出，天資更高，多放言議古。永康陳亮出，更離經制而專言事功，流於魯莽。南宋之季，幾與朱陸鼎足而三，而朱門則目之爲功利之學。

宋末諸儒，不外張，朱，陸三派，張派如嶽麓，二江諸儒，朱派如滄州諸儒及輔廣一支，後有黃震，其在南者也；勉齋一支，弟子有何基，饒魯，遞傳王柏，金履祥，及陳澔，吳澄；詹體仁一支，弟子有眞德秀，遞傳趙復，許衡，劉因，其入北者也。陸派如四明，（甬上四先生），慈湖楊簡，廣平舒璘，定川沈煥，絜齋袁燮。槐堂諸儒。而四明之史象卿，王應麟，永嘉之葉味道，陳埴，則沐紫陽之學蓋變而入朱者也。至元代名儒則惟許衡，劉因，吳澄三人爲最；許，劉皆朱學之正傳；而吳則兼陸學矣。餘不具述。

宋元理學淵源，具見宋史道學傳及儒林傳；清黃宗羲梨洲，全祖望謝山編宋元學案，更標舉其學術宗派，而統系更爲昭然。蓋自安定泰山以降，周，程，張，朱諸儒，義理純密；其他諸家，或有淺深純駁之差，而講求修己治人之道，則其趨一也。顧自佛教既入中國，性相之理，窮研極發，高明之士，多入彀中，於是儒益不振。宋儒審知儒術之敝，由於王政闕，禮義廢，佛則乘其闕廢而來中國；若補闕修廢，使王政明而禮義充，則佛無所施。歐陽修本論。故皆務發揚仁義，篤於踐履以救之，此理學所以勃興，而與佛氏相爲犄角者也。雖然，兩漢經義完備，家法謹嚴，猶甫開之璞也；六朝佛老盛行，儒術隱晦，猶見遺之璧也；及宋而理學昌明，力排異學，則猶琢磨之器也；他山之石，未嘗不賴於禪學之興矣。雖諸儒日戒近禪，而不免時蒙影響，或先入而後出；如濂溪初與東林總遊，總教之靜坐，月餘忽有得，即與結青松祉，橫渠出入於佛老著累年而返於正道。或始異而終融；如晁說之晚年學佛。呂希哲晚從高僧遊，盡究其道，斟酌淺深而融通之曰，佛氏之道，與吾聖脗合。呂本中晚溺於禪。或砥礪而彌精；如伊川參某僧後有得，遂反之偷其說來做己使，朱子解說，謂唐六祖始教人存養工夫，伊川方教人就身上做工夫。朱子作雜學辨，駁正張九成之中庸解，呂希哲之大學解。或漸摩而遂化。如上蔡才高，墮入葱嶺處亦過於楊游，龜山夾雜異學，亦不下於上蔡。陳淵早侍了齋，禪學深入。徐總幹作易傳燈，借禪家之名。邵伯溫聞見錄，溺於輪迴。劉勉之，胡憲，劉子翬皆雜禪。張魏公惑於禪宗。象山明心，近禪門之頓悟。即『傳心』之論，『道統』之承，亦豈孔孟所固有者乎？

明初儒者，首推方孝孺。孝孺以道自任，當時稱程朱復出；乃當靖難之變，遭十族之誅，弟子皆殉，故學無所傳。永樂以後，有曹端，月川薛瑄，敬軒皆篤守程朱。端學從讀書而得，主於求心，以爲『即心是極，即心之動靜是陰陽，即心之日用酬酢是五行變合，而一以是心爲入道之路』。瑄學悃愊無華，進退無累，其讀書錄多兢兢檢點言行間，所謂學貴踐履者；其後傳於關中，開三原學派。稍後有吳與弼，康齋其學主涵養性情，而以克己安貧爲實地，言動之間，不務玄遠，悉歸平淡；其弟子如胡居仁，敬齋陳獻章，白沙婁諒，一齋皆傳其學。敬齋篤踐履，守繩墨。白沙之學，以靜爲主，教學者以端坐澄心，於靜中養

·国学概论·
神州国光社
一九三二年版

出端倪，充道以富，學德以貴，天下之物可愛可求，而漠然無所動於中；故出其門者多清苦自立，不以富貴爲意，號曰江門學派；傳弟子湛若水，甘泉開甘泉學派，教人隨處體驗天理，與當時陽明學派宗旨不同。婁諒少有志於學，及師康齋，盡得所授；傳弟子王守仁，伯安開陽明學派，則其流大矣。陽明之學，始汜濫於詞章；繼讀朱子書，覺格物無所得，後出入於佛老者久之。及謫龍場，忽悟格物致知之旨，以爲聖人之道，吾性自足，不假外求。自是盡去枝葉，一意本原，以默坐澄心爲方法，以致良知，知行合一爲宗旨。略謂『聖人之學，心學也，致吾心良知之天理於事物，則事物皆得其理，又必以力行爲功，則不至空空窮理，只在知上討分曉。』又謂『良知爲知，見知不囿於聞見，致良知爲行，見行不滯於方隅，即知即行，即心即物，即動即靜，即體即用。』頗足爲當世求知空想與冥行妄作者之鍼砭。特其說與朱子不無牴牾，而極力表章象山，故或疑其出於禪；又以急於明道，往往將向上一幾，輕於指點，易啓後學躐等之弊。且良知一語，發自晚年，未及與學者深究其旨，故其後門人各以意見攙說玄妙，遂違立言之本意。自是王學偏於天下；有浙中之王學，以錢緒山德洪，王畿龍溪爲著。有南中之王學，以王艮心齋，黃省曾五岳，朱得之近齋，戚賢南玄等爲著。有江右之王學，以鄒守益東廓，歐陽德南野，聶豹雙江，羅洪先念庵，劉文敏兩峯爲著。人才均盛；其楚中，北方，粵閩諸派，則未大也。浙中派如龍溪主無善無惡；南中派如心齋從不學不慮，轉而標之曰自然，曰學樂。開泰州學派蓋啓佛氏之祕，而變其學以入禪。又挾師說以杜學者之口，其末流遂衍爲小人之無忌憚。江右派如東廓主戒懼愼獨，念庵主收攝保聚，皆以糾龍溪，心齋二家之偏。二家之後，有顏均，山農何心隱，原名梁汝元。皆務爲游俠，蕩決名教。山農謂『心如明珠，原無塵染，有何覩聞？著何戒懼？凡儒先見聞道理格式，皆足以障道』；心隱謂『心不能無欲，卽釋氏之所謂妙有』：皆墮禪趣。降及鄧豁渠，則竟披薙爲僧，猶高言『見性』；管志道箸書糾合儒釋，以乾元爲性海，謂易道與佛老合；歧塗穿鑿，皆心學末流之弊，而爲陽明始計所不及料者也。至於李材見羅倡止修之說，欲以壓倒良知，謂『能止則視聽言動各當其則，不言修而修在其中，故必使常歸於止。』又不過以新說自立門戶耳。晚明則東林諸儒皆尙氣節，以顧憲成，高攀龍爲著。最後則劉宗周，蕺山黃道周石齋皆爲純儒。

明儒理學淵源，具見明史儒林傳及黃宗羲之明儒學案。明史謂其『錙銖或爽，

·国学概论·
神州国光社
一九三二年版

遂啓歧塗，襲謬承訛，指歸彌遠；』而黃氏則謂『明之理學，前代所不及，牛毛繭絲，無不辨析，眞能發先儒所未發。』梨洲學出蕺山，師門所自，遠溯姚江，自無譏辭。若顧炎武則痛發王氏心學之弊，至儗之夷甫清談，介甫新說，（謂『新學之興，人皆土苴六經，因而不讀傳注，不學而騁語乎心，則墮於禪。』）蓋言各有爲也。夫天理具於人心，儒道載於經傳；力學則可以適道，知人則可以知天。爲事原極平庸，立論何庸繳繞？特以羣言龐雜，則利在折衷；末學迷蒙，則貴其警覺。在天資近道者，僅略啓而能中；而秉質有偏者，必切繩而始直。宋學當儒術久敝之後，標舉宗旨以示方塗，已足挽彼世風，昭茲來學。而或不探根本，徒務新奇，極意張皇，反違中道。片言各執，實效何存？將謂舉措事業，則六籍可師；直指人心，則禪門已遠。乃以舉世共有之學，矜爲一心獨祕之傳，謂非通蔽相妨，得失參半，可乎？講學者宜深引爲戒矣！

·国学概论·

神州国光社

一九三二年版

第四章 晚近思潮

滿清入主中夏，始用武力戡定諸亂，繼假文治牢籠人心。二百數十年中，學術蒸蔚，極於有史而尤以攷據之學，直紹兩京。其間流別，已略具於首編矣。至義理之學，則大率衍程朱之餘緒，抑陸王之末流。然以儒門義蘊，已盡發於宋明，苟非別有切礪，無以使其增損也。清人目考據之學曰『漢學』；目義理之學曰『宋學』。顧其分塗亦在中葉以後耳；若清初則固無是目也。如顧炎武主博學亦主行己；黃宗羲主窮經亦主求心；王夫之主博文亦主約禮：皆非專事考據或空談義理者。如李顒（二曲）主學以提醒人心，開物成務；顏元（習齋）主學以存心修身，歸之事物；孫奇逢（夏峯）主學以力於庸行，以求經世；陸世儀主經世之術；陳瑚主用世之具；張爾岐主篤志力行，以倡正學；張履祥主力稼穡以興廉讓；劉繼莊主博學經世，斡旋氣運；李塨，王源，皆主飭言行而務經世：則皆禮用兼備，內外交修，殆與宋之安定，泰山，伊洛，紫陽諸子先後一揆，而初未嘗以

·国学概论·
神州国光社
一九三二年版

宋學自居也。他如宗程朱者，有湯斌，李光地，蔡世遠，朱澤澐等；宗陸王者，有唐甄，李紱，謝濟世，羅有高等；雖所學者宋儒，而宋學之名亦未立也。其後治考據徵實之學者日盛，遂揭漢學之幟，而羣趨於音韻，訓詁，金石，校勘之塗。雖皖學大師如江永，戴震，治考據而不廢義理；桐城諸文家如方苞，姚鼐，治古文而篤信程朱；然無以救於宋學之衰也。

論晚近思潮之變，當遠溯於中西之交通。其始也僅有西教，其繼也乃有西學。西教之來，肇於唐代。初有景教，卽天主教之聶斯託爾派也。及宋而有一賜樂業教，卽摩西之猶太教也。及元代版圖經略，兼跨亞歐，西洋人來者尤衆。定宗，憲宗，世祖，成宗，皆崇奉也里可溫教，卽天主教之羅馬派也。教士如馬哥波羅父子，柏朗嘉賓，羅柏魯，偉立爾，莫尼各老，若望高未諸等，均見尊禮。建教堂四所於北京，受洗者達六千人。學希臘羅馬語者達百五十人。然其教不能使中國智識者景從，於學術思想無大關係也。及有明中葉，當歐洲宗教改革之潮，新教崛起，舊教亦整旗鼓以與抗，乃組耶穌會廣事傳播，寖以東漸。是時海上貿易交通漸繁，至萬曆九年，意大利人利瑪竇抵廣州香山澳，其教遂沾染中土。二十九年入京師，獻方物，神宗嘉賜甚厚。公卿以下，重其人咸樂與晉接。利氏遂留居不去，以三十八年卒於京。自是其徒來者日衆，大都一意行教，不求祿利。其箸書多華人所未聞，故一時好異者皆尙之；士大夫如徐光啓、李之藻、楊廷筠、葉益藩輩，尤好其說，且爲潤色文辭，故其敎驟興。迄於明季，奉敎者達數千人，自宗室、內官、顯宦、舉貢、秀士，莫不有。敎士更習華言，易儒服，誦儒書，存故俗，以圖漸摩融洽而利其敎之推行。故至淸初順、康之間，敎堂在廣東者有七所，江南有百餘所，信徒達十餘萬人。其所譯述之經籍，雖未及佛氏之奧博，而皆附於儒言，多近理。時人且嘉其與儒合而與釋老相左云。

西學之來，首推曆算，實啓於利瑪竇。初獻地誌、時鐘，復自陳其觀象製器之能，且譯箸幾何原本、勾股義、圜容較義、測量法義等書。其徒龐迪峨、熊三拔、龍華民、陽瑪諾，鄧玉函、湯若望、羅雅谷等，又因徐光啓、李之藻之薦，先後佐明廷改定曆法，製定測量日月星晷定時考驗諸器，推日月交食較舊爲準，由是西洋曆算之學見重於世。逮清尤盛，湯若望及其徒南懷仁先後掌欽天監，製儀器多種。康熙中又命各教士測繪全國輿圖，皆較舊爲精詳，因而極見寵信。曆算之外，又傳水法以利農事，製銃砲以資戎行，由是而製器之法亦見重於世。

西人之東來也，其初志實在傳教與通商。而出其推曆，製器諸技術以佐中國者，皆藉爲要結之具耳。顧國人之建議排斥者，先有徐如珂，沈漼，晏文輝，金懋孳等，則請屏其敎；後有吳明烜，楊光先等，則請廢其曆。光先尤激切奮厲，二端並斥，百折不撓。卒之其曆雖行，而教則厲禁。惟通商則自順康至嘉道間，南則英，法，荷，葡諸國踵至，設粤，閩，浙，江，等四海關以榷其稅，北則俄國先後與締尼布楚，恰克圖約，以通互市。至其宗敎學術，未嘗影響於中國也。且國勢鼎盛，常以夷狄視諸國而抑辱之。及道光時，鴉片戰後，締江寧條約，開五口通商，廣州福州廈門寧波上海而中外爲敵體矣。降及咸豐之季，因釁迭挫，先後締天津和約，北京和約，增開口岸，牛莊登州台灣潮州瓊州江寧天津門戶洞開，傳敎遊歷，一切自由。

·国学概论·
神州国光社
一九三二年版

國威既頹，外侮益甚。清廷於是震於西國之堅甲利兵，稍知警懼，漸圖革新，設總理衙門以理各國外交，開同文館以習西國書數，遣專使以事攷察，設製造局以興工藝，設繙譯館以譯西書，派留學生以研西學，以及路，礦，船，電，海軍諸政，次第舉行。然中樞政治，操之蒙昧寡識之大臣，枝節而爲，未探其本。而中法，中日兩役之敗衄，使國人憬然悟於富強之道，不徒在物質之發展，而基於政治之優良。乃戊戌之變法未成，庚子之拳亂復作，鉅創大辱，深印人心，瓜分之懼，徧於朝野。遂乃廢科舉，興學校，舉辦實業，籌備立憲。而日暮塗窮，終難搘拄，革命軍起，清祚遂移。雖逐末之改革，無救其亡，而風氣之開通，實肇於此矣。

清季新政之影響於思想學術者，羣推留學及譯書二端。然是時學生之歸國者，多羈於虛名，伏處曹司，無所表樹；而譯書則使國人未通西文者可得新知，其效乃遠過之。其始也，有海寧李氏善蘭所譯幾何，重學，談天諸書；其繼也，有製造局同文館及敎會諸人所譯科學政治諸書；最後乃有侯官嚴氏復所譯哲學諸書。天演論，羣學肄言，穆勒名學，原富，法意，社會通詮，皆風行。於是國人始知西方非徒製造技術之過我，概然有志於世界哲學之探求，此中國近代思潮之發軔也。至林紓所譯西人小說，達百數十種，亦可使國人藉窺西方風土習俗，而於人心有潛移之力焉。

民國肇建，政易共和，『平等』『自由』，幾同口號，然袁氏懷竊國之謀；軍閥肆貪饕之惡。代議之制，既敝於賄成；壇坫之交，更刼於强勢。而民智之蒙昧如故，秩序之紊亂有加。觀世者始知新基未立，貌襲無功，期盡滌其舊汚，乃無濡於改進。又值大戰方戢，學說朋興，競覓殊塗，冀紓久困，於是新文化運動緣之以起。

新文化者，歐洲近世之文明也。其源遠，其流繁，其緒多端，其事錯出，乍欲以約言明其區廓，良不可能。今擷其梗概，以見吾國思潮之所自來。

歐洲古代文明，導於希臘，於人生則主猛進，於知識則務眞知，於情感則務愛美，於宗教則崇人神，於政治則行民主。以故哲學，科學，文學，藝術，各植其基。大哲如泰理斯，蘇格拉底，亞里士多德，柏拉圖等，胥出其間。羅馬帝國繼之，又益以尙功利，務實際，

·国学概论·
神州国光社
一九三二年版

其政法之建設，實可開來。乃其後流爲利己，沈於物欲，風俗大敝，馴至覆亡。日耳曼族代興，封建四方，子孫相屬，遂采納希伯來之基督教以爲囿民之具，舊風淪歇，教會是瞻。教皇既尊，教權至大，學術政治，黯無可稱。乃十字軍起，久無成勞，然藉接天方民族曆算製造之術，心焉慕之，又以累歲東征，滯於中途者往往成聚，寖爲自由都市。於是宗教信仰，封建局勢，圮於無形。適值突厥西迫，希臘抱殘守闕之士，紛避難於羅馬，學說流衍，復其輝光，遂成文藝復興之局。人民久伏轡軛，乍脫羈鞅，繼釀宗教改革之變。論者稽其歷程，綜爲二果：一曰「人之發見』；一曰『世界之發見』。前者爲民本主義之所由成，後者爲科學主義之所由盛。由是精神物質，突進並馳，遂以構成歐洲近世之文明。

自有「人之發見』，於是人類得本性之自覺，意志生活，力爭自由，揭民權之纛，排霸主之威。初有英國清教徒之革命，繼有美洲殖民地之獨立，更後有法國之大革命。學者如福祿特爾，盧梭等，宗旨言論，風動全歐。往昔人生，社會，政治之種種成規，一

·国学概论·
神州国光社
一九三二年版

一重加估計而趨於新塗。

自有『世界之發見』於是人類認物競爲天經，憑其知識，征服自然，窮物質之功，謀人類之利。初沿抽象之科學；繼有經驗之科學；更後有機械工業之發明。學者如培根，達爾文，瓦特，史蒂芬生，摩爾斯等理論製作，震撼世界。往昔物質生活，經濟之種種現象，一一發生變化而呈其異彩。

西洋哲學以知識論爲中心，可以包舉宗教及形而上學。文藝復興以來，其方法則由演繹而至歸納，由理性而至實驗；其認識則由唯心而至唯物，由絕對而至相對。學說繁密，無暇畢詮。至於人生觀念，則約分三派：一主功利——一切幸福快樂，爲我，利人諸說，悉以功利爲的；前如培根，浩布思，洛克，哈特烈，休謨，後如邊沁，穆勒，斯賓塞等皆屬之，謂之英國派。二主知識——一切意志動作所以養成道德者，悉以知識爲本；如笛卡兒，馬爾布蘭西，斯賓諾莎等皆屬之，謂之大陸派。三主道德——以功利固非道德，知識亦不可憑，惟本理性而無所爲而爲，乃爲道德；如康德，菲希特，黑格爾，李普等皆屬之，謂之德國派。然是三派者，以功利爲獨勝，如最近所謂實際，人本，工具實驗諸主義，皆不出其範圍，蓋卽西方文化之特點也。

近百年間，科學主義之發展極矣。表見於箸述者，如孔德之實證論，達爾文之種源論，赫胥黎之天演論，叔本華之意志論，皆納哲學於科學之中；其表見於事實者，如機械，化學，電氣諸工業，可謂奪造化之工，竭天地之藏矣。然利備而害亦隨之。一則經濟之偏枯也——手工業變爲機械，保護商業變爲自由競爭，於是小資本者漸被吞滅，貧富懸絕，苦樂不均；識者慨然有感於經濟改善之爲亟，而社會主義起矣。社會主義，有和平，有激烈，派別綦繁，而以馬克思爲著。其唯物史觀，認人生一切如機械，皆歸於物質運動之『必要法則』，卽精神亦不能外；其資本論極陳資本專制之罪惡，生產過剩之弊害，而斷其必出於階級鬥爭。此說波動至大，衍爲俄國多數主義而促其革命之實施。至如基爾特主義，以爲人生應歸安靜，不當徒抱野心，侵逐分外；克魯泡特金之互助主義，以爲人性無私，而完成社會本能，則皆中和恢廣之論也。

·国学概论·
神州国光社
一九三二年版

一則國際之競爭也——自諸國勢力爭長，利害相妨，於是各擴軍備，終釀大戰，暴戾憯毒，超於前古；識者蠢然有感於人生改善之爲亟，而生命主義起矣。如倭鏗主精神生活，以葆內心培人格，羅素主順導情欲，以求樂趣暢生機，則皆歸眞反本之論也。

要而論之，歐西民族，具進取之特性，故其文化呈向外之發展，然底於今日已屆窮塗，反本之求，亦固其所。還顧吾國，廿載以來，內戰不寧，百廢莫舉，物質窳敗，財力空虛，自保未遑，況云競勝！苟昧於輕重，不別精粗，欲踵事以增華，將望塵而逐影。乃論者多以爲舊有文化，足障新機，非絕根株，難新軌轍；舉凡古先遺訓，史冊舊聞，孝弟禮讓之風，家族倫常之序，皆斥爲封建，視同朽腐，言論舉止，務反故常。不思民生凋敝，實出兵戈；禍亂消弭，終須仁義。自新潮震盪，舊德澆漓，物欲橫流，人羣阢隉。貪黷者罔利以肆虐；浮薄者蕩檢而行欺。强梁者爲暴於萑苻；良善者轉死於溝壑。橫覽禹域，淨土何存？是國事之紛，古先詎任其咎；而民俗之壞，西化實啓其機。誠能務其所急，取彼之長，振科學以裕民生，立民本以求治理，效法勿忘族性，斟酌務洽國情：庶幾利集弊除，不至依人喪我。楊朱有言；『大道以多歧亡羊，學者以多方喪生。』是在明達者愼所取舍而已。

述哲學竟。

·国学概论·

神州国光社
一九三二年版

第四編 史學

·国学概论·

神州国光社

一九三二年版

第一章　史學概說

史之興也，蓋兆於文字之初矣。易傳云：『上古結繩而治，後世聖人易之以書契，百官以治，萬民以察。』太古之世，榛狉蒙昧，雖人事有作，而渺焉莫聞，謂之無史可也。逮書契既興，民智漸啓，昔之散而無紀者今且有緒，昔之過而不留者今且有跡。其緒也，將以辨析名物而立其條理；其跡也，將以著察既往而示其將來。此政之所自興，亦史之所由託也。夫乾坤亭毒，族類萌茁，察其極遠，殆十萬年。然而橫覽五洲，上稽古國，建邦肇紀，歲僅六千。（史家測巴比侖文明，謂其距今六千年，埃及印度則五千年，中國四千餘年。）西人攷古，探鑿地層，石器以前，固難究詰；降及銅鐵，知亦模糊。必待文字見端，始稱有史；歲曆可度，甫克紀元。故知文字者，實史之種子，使終古而無文字，史亦永不作矣。

試觀世界古國之所託始，孰不藉於文字乎？若巴比侖之楔形，埃及之象形，雖識者或寡，而隱約可窺。至於印度古傳，吠陀實始；中華舊典，羲卦爲先。惟文字得有留遺，故史家從而斷限。若夫開闢以降，洪水之先，荒遠莫稽，徒存神話。縱流傳於十口，雖高語於薦紳。必簡編之記注有方；斯文獻之徵尋匪妄。如吾國者，九皇著於繁露，（春秋繁露，尙推神農，以爲九皇，謂民皇帝王以次下遷。）十紀出於緯書，（春秋命歷序謂自開闢至獲麟二百七十六萬歲，分爲十紀，曰九頭，五龍，攝提，合雒，連通，敍命，循蜚，因提，禪通，疏訖。遂人，義，農之三皇前，復有天皇，地皇，人皇之三皇。）大都沿襲訛傳，徒資談助。究之書契未立，其事不根。儒者重雅馴之言，愼蓋闕之旨，必致信於六藝，寧諱略於三墳。故尙書斷自唐虞，遷史上推黃帝，易繫舉羲農之跡，伏傳述燧皇之官，窮究所知，及此而止，必務鑿空，乃入怪迂。此史氏之謹嚴，所以異於百家之倍譎也。

顧或謂最初之史，蓋以詩歌，韻語流傳，便於記誦。彼徒見印度吠陀之梵歌，希臘荷馬之史詩，遂推論玄鳥生民，卽爲史體。不知文字初作，記事爲先，典策漸繁，永言居後。質先文後，理之自然。邃古之世，無文之初，衣食既充，方思鼓腹；文明漸開，書契甫作，言動有記，乃及賡颺。是以操尾八闋，空說葛天；擊壤數言，曷如堯典？必謂歌先於史，何異方寸岑樓之論哉？

·国学概论·
神州国光社
一九三二年版

吾國文字始於黃帝，見第二編第二章故史亦始於黃帝。許君所謂『黃帝之史倉頡，知鳥獸蹄迒之跡，知分理之可相別異，初造書契』是也。春秋元命苞謂倉帝史皇氏名頡，姓侯岡，實有睿德，生而能書，及受河圖而創文字，天爲雨粟，鬼爲夜哭，龍爲潛藏云云，說甚怪迂。漢人信讖緯，遂沿其說，如淮南稱『史皇』，蔡邕崔瑗等並稱『皇頡』，不足信。溯史之初義，本以名官。曲禮所謂『史載筆』，玉藻所謂『動則左史書之，言則右史書之』，周禮春官有太史，小史，內史，外史，御史，天官有女史，皆以史名官。故說文謂『史，記事者也，從又持中，中，正也。』後人申許說者，皆以良史不隱爲持中之道，而江永謂『凡官有簿書謂之中，故諸官言治中受中，小司寇斷庶民訟獄之中，皆謂簿書，猶今之案卷也。』近人吳大澂更據古籍以爲中象簡形；王國維更據契文以爲古盛算之器，算策同物，故史之本義，卽以手持盛策之器。蒙謂中正固史家之職志，然造字之初，比兩形而合誼，未必遂以不偏爲訓也；則簡策之說，殆庶幾乎？

持簡策者謂之史，簡策所紀則謂之書。許君云：『著於竹帛謂之書，書者，如也。』孔子觀書周室，得虞夏商周四代之典，刪其善者，上自虞下至周爲百篇，編而序之，是爲尙書。故書者，史册之本名也。及東周以後，漸引伸其義以泛稱羣籍，而當時史册，則或名乘，或名檮杌，或名春秋，上古史册，則名墳，或名典，或名紀年。孟子，左傳，竹書，可證也。自夏殷以降，代有史官，周代尙文，史尤繁夥。封建諸侯，各有國史，多識舊典，以備諮諏，國語，左傳，呂覽，逸周書，屢見之矣。然孔子稱『史之闕文，』孟子謂『其文則史，』是史並文稱，其端已啓。顧漢司馬遷父子繼爲太史，其所撰百三十篇，號爲史記，猶云『史氏所記』也。劉歆七略不立史部，附史記於春秋，而名之曰『太史公，』班固因之。其後史書或稱紀，或稱志，或稱典，或稱略。及漢末劉芳作小史，三國張溫作三史略，譙周作古史攷，始以史稱書。晉荀勖中經變七略爲四部，而史遂別立門戶。由是梁蕭子顯作晉史草，梁武帝命吳均作通史，陳許亨作梁史，（均見隋書經籍志）則直以史名書矣。蓋字義常以引伸而變，史官之變爲史册，理固宜然也。

諸史流別，唐劉知幾史通區爲六家。一曰尙書家：出於太古，至孔子删爲百篇；晉孔衍漢尙書，後漢尙書，魏尙書，隋王劭隋書等屬之。二曰春秋家：出於三代，至孔子遵

·国学概论·
神州国光社
一九三二年版

魯史遺文而作春秋，晏子，虞卿，呂氏，陸賈等作皆效其名而體式不同，惟史記本紀，宗旨相似。三曰左傳家出於左丘明，爲孔子春秋作傳；漢荀悅漢紀及張璠，（後漢紀）孫盛，（魏氏春秋晉陽秋）干寶，（晉紀）徐賈，（晉紀）裴子野，（宋略）吳均，（齊春秋）何之元，（梁典）王劭（北齊志）等作屬之。四曰國語家；亦出於左丘明，纂周，魯，齊，晉，鄭，楚，吳，越八國事爲春秋外傳；戰國策，孔衍春秋後語，司馬彪九州春秋等屬之。五曰史記家；出於太史公書，梁武通史，北魏濟陰王暉業（應作常山王曾孫暉）科錄，唐李延壽南北史等屬之。六曰漢書家；出於班固漢書；東觀漢記，三國志以下諸史屬之。尚書等四家體久廢，所可祖述者惟左氏及漢書二家。遂以開後來編年隸事，紀傳斷代之二體。

二體者，亦區於劉氏。一編年，春秋開其先，而左氏傳之；二紀傳，史記開其先，而漢書承之。春秋繫日月以爲次，列時歲以相續，中國外夷同年共載，莫不備載其事，形於目前，理盡一言，語無重出。史記紀以包舉大端，傳以委曲細事，表以譜列年爵，志以總括遺漏，逮於天文地理國典朝章，顯隱必該，洪纖靡失。左氏本春秋而詳其事，漢書倣

·国学概论·
神州国光社
一九三二年版

史記而劃其時。其後如荀悅漢紀等依左氏之編年；華嶠後漢書等依漢書之紀傳。故晉史有王隱虞預而副以干紀；宋書有徐爰沈約而分爲裴略。於是二體遂並行於世。（本節述劉說，而略理其不齊。）

二體既立，史家宗之。自晉歷南北朝隋唐，著作斐然，風起雲湧。然班馬舊裁，歷朝繼作；編年一體，或有或無。（四庫提要史部編年類敍）蓋紀傳之體，立本紀以爲綱，分列傳以詳事，典章繁重，則分類綜括以爲志，年爵紛綸，則旁行斜上以爲表，實能兼編年之長而於事無漏，故後史多用其體也。若編年之體，事繫於年，人見於事，其有經國大制非屬一年，幽隱名賢未關一事者，則以難爲次序，略而不書，故後史或缺其製也。夫史者政治之紀綱，學術之總匯，人倫之表率，得失之鑒衡也。編年可得一貫之跡，紀傳足備一代之文。縱橫固異其形，單複亦殊其質，苟求周貫，二者自可兼存；必論重輕，紀傳固宜居右。試觀丘明之傳，盡入於遷書；班固之書，足賅乎荀紀。優絀之勢，斷可識矣。

隋書經籍志史部分十三類：一正史，（史記漢書東觀漢記以下六十七部屬之。）二古史，（竹書紀年漢紀後漢紀以下三十四部屬之。）

三雜史，汲冢書戰國策楚漢春秋及鈔舊史或怪誕者七十二部屬之。　四霸史，華陽國志十六國諸割據者之史二十七部屬之。　五起居注，穆天子傳及歷朝起居注等四十四部屬之。　六舊事篇，漢武故事西京雜記及諸舊事等二十五部屬之。　七職官篇，漢官解詁漢官儀以下歷代官制二十七部屬之。　八儀注篇，舊漢儀以下歷代儀注等五十九部屬之。　九刑法篇，律本以下歷代刑法等三十五部屬之。　十雜傳，三輔決錄以下諸雜傳二百十七部屬之。　十一地理記，山海經水經以下諸地志一百三十九部屬之。　十二譜系篇，世本以下諸譜系四十一部屬之。　十三簿錄篇，別錄七略以下諸目錄三十部屬之。　今按正史則紀傳之屬；古史則編年之屬；雜史雜傳則遺聞稗史之屬；霸史則載記之屬。起居注，舊事，則掌故實錄之屬；職官，儀注，刑法，地理，則諸志之屬；譜系則世表之屬；簿錄則目錄之屬：而紀傳一體皆可以包舉之，推爲正史，良有以也。

自唐以後，二體之史，代有箸述。其最著者：紀傳則有房喬等奉敕撰之晉書，姚思廉奉敕撰之梁書，李百藥奉敕撰之北齊書，令狐德棻等奉敕撰之周書，魏徵等奉敕撰之隋書，李延壽撰之南史，北史，後晉劉昫等奉敕撰之唐書，宋歐陽修，宋祁撰之新唐書，薛居正等奉敕撰之五代史，歐陽修撰之新五代史，元托克托等奉敕撰之宋，遼，金三史，明宋濂等奉敕撰之元史，清張廷玉等奉敕撰之明史等，多屬官書，惟南北史，新五代史爲私箸表進者，則亦半官書也。諸史得失侯後論。編年則有宋司馬光奉詔撰之資治通鑑，自周烈王迄後周，採用正史外，雜史至三百二十二種，網羅宏富，體大思精，爲前古所未有而立編年史之宗。同時劉恕撰通鑑外紀，依司馬通鑑例，摭周烈王以前事上迄包羲，各立編年之紀。後胡宏又撰皇王大紀，更上起盤古，多荒渺傳說。李燾又踵通鑑之例，紀北宋一代而爲續資治通鑑長篇。朱熹又因司馬通鑑，參春秋義法，手定凡例，屬門人爲綱目。金履祥又本經史諸子，表年繫事，斷唐虞以下接通鑑，撰通鑑前編，以矯劉恕外紀之好異。至清徐乾學撰資治通鑑後編，畢沅撰續資治通鑑，則皆沿司馬之義例而成書者。

貫二體之長而別爲一體者，尙有紀事本末，其體創於宋之袁樞。樞因司馬通鑑原文，區別門目，以類排纂；每事各詳起訖，自爲標題；每篇各繫年月，自爲首尾。始於三家之分晉，終於周世宗之征淮南，數千年事，經緯明晰，節目詳具。蓋紀傳之法，或一事而複見數篇；編年之法，或一事而隔越數卷；此體一興，遂使前後始末，一覽了然。故以

·国学概论·
神州国光社
一九三二年版

後遞相沿倣，如明陳邦瞻之宋史紀事本末，元史紀事本末，清谷應泰之明史紀事本末，高士奇之左傳紀事本末等，皆正史之輔車也。他如清馬驌之繹史，纂開闢至秦末之事，每事各立標題，詳其始末，博引古籍，各冠書名以示有徵，間著異同，各附辨證，其精博出皇王大紀，通鑑前編之上，亦此體之犄角也。

正史本紀列傳，所以識盛衰，明得失，彰善惡，昭法戒也。而一代之朝章國典則繫於志，所以使後鑑前師，與時損益，其關係較紀傳爲尤重。顧斷代之史，僅限一朝，後人欲觀會通，恆苦宂複。（歷代史志常連敍源流，故多複出。）故政書之作，自不容已。隋志史部以職官，儀注，刑法，地理分立數門，皆史志之支流別出者，然薈萃羣編，非盡典要。必待旁搜遠紹，勒成一書，始足備文獻而資世法。唐劉秩乃倣周官之法，摭拾百家，分門詮次，而作政典。杜佑以爲未備，因廣其所闕而撰通典，區食貨，選舉，職官，禮，樂，兵，刑，州郡，邊防八門，內又各分子目，上溯黃虞，訖唐天寶，沿革畢具，詳簡得宜，洵典型之淵海也！其後宋鄭樵作通志，元馬端臨作文獻通攷，皆以之爲藍本。惟通志紀傳年譜，採擬舊文，本擬通史，非

·国学概论·
神州国光社
一九三二年版

屬政書;而其二十略氏族,六書,七音,天文,地理,都邑,禮,謚,器服,樂,職官,選舉,刑法,食貨,藝文,校讎,圖譜,金石,災祥,草木蟲魚。則雖史志之遺,亦自加增析,不盡典制,如六書七音等故清四庫不以同列於杜作文獻通攷區二十四門,田賦,錢幣,戶口,職役,征榷,市糴,土貢,國用,選舉,學校,職官,郊社,宗廟,王禮,樂,兵,刑,輿地,四裔,經籍,帝系,封建,象緯,物異。其十九門俱補續通典,又五門則就通典所無而廣之;引古經史謂之文,採臣僚奏疏諸儒議論謂之獻;於事之可疑,論之未當者,則附著己意,條分縷析,貫穿古今,以視通典,簡嚴遜之而詳贍有過也。三書後總名三通;清代又各依其體例,敕撰續三通,皇朝三通,彙稱九通,並爲後來稽古之要籍。

古者典策悉掌於史,周禮太史掌建邦之六典,小史掌邦國之志,外史掌四方之志,掌三皇五帝之書。記注亦掌於史,周禮內史掌敘事之法,外史掌書外令,禮記動則左史書之,言則右史書之。法令亦掌於史,周禮太史掌法,掌則,內史掌王之八枋之法,外史掌達書名於四方,御史掌邦國都鄙及萬民之治令。雖經傳所傳未可盡執,然史官之職司文治,可概言也。三代官多世守,史官操學術之衡,幾爲言論典則之總匯。故孔子問禮於老聃,墨子亦師於史角;至於守藏之職,載筆之權,尤史官所獨擅。春秋以後,禮失求野,學散於私,箸述漸興,野史間作。然編簡未充,見聞終隘，欲求翔實，仍恃官書。司馬父子世居史職，掌天下計書；惟書禁甫開，祕藏未富，然猶網羅天下散佚舊聞，勒成史記，雖旨存私箸，而事屬官書。厥後班固踵成父業，彪爲司徒掾著史記後傳。受詔蘭臺，典校祕籍，潛精積思二十餘年，以成漢書，嗣美遷史，尤官書之犖犖者。其後圖籍漸繁，民間易獲，私家撰述雖多可觀，而語於宏雅，實有未備，匪才不逮，勢使然也。自魏晉置箸作郎，隸於祕監，撰述之才，雖居他官，亦多兼領；齊梁而後，置修史學士；北朝亦各有史臣；隋命監修，唐開史館，秉筆之彥，代有可稱，成就固彬彬矣。參史通史官篇唐宋以還，史宬代啓，萃羣英於館閣，羅萬軸之縹緗。雖良史之才，不容數覯，而歷朝之典，有賴長存。至於魁才碩士，鉅製鴻篇，如歐宋唐書，司馬通鑑者，又受詔所成，官書之傑出也。夫以帝王之勢，命史成書，程功限時，促迫固妨其能事；貢諛諱惡，予奪更失其衷依。直難復見於董狐，穢或竟同於魏史。官書之弊，無用諱言。然而實錄博聞，究賚中祕，雋才通識，可待裁成，所席既豐，所就易大。以視草茅之士，默記之書，義或有殊，而豐備過之矣。然則官史之職，其可廢乎？

記注之方，固累時而愈密；採掇之辨，則越代而彌難。故仲尼興知我罪我之嗟，子輿有不如無書之歎，孟堅譏遷先黃老，蔚宗自負過班書，史之有評，其來舊矣。漢魏迄唐，史稱極盛。劉知幾負才足學，身領史職，洞悉利病，詆訶當時，發憤箸史通一書，內篇論史家體例，辨別是非，外篇述史籍源流，雜評得失，雖持論或鄰偏刻，而識鑒固卓然矣。自是讀史者，或揚搉事實，或商量書法，或自申己意，或糾彈舊編。如清代王鳴盛之十七史商搉，趙翼之廿二史劄記，章學誠之文史通義等，要道善言，多裨史學，亦古今得失之林也。

·国学概论·
神州国光社
一九三二年版

第二章　歷代正史

正史之稱，發於隋志，（列史記，漢書，古史考，東觀漢記，諸家後漢書，魏書，吳書，魏志，吳紀，三國志，諸家晉書，宋書，齊書，齊紀，梁書，梁史，通史，後魏書，陳書，周史等六十七部。）而敍之曰：『世有箸述，皆擬班馬以爲正史，作者尤廣，一代之史，至數十家。』是其所謂正史皆紀傳體也。然編年本於春秋，實爲古史之正法。故隋志列編年之類爲古史；而劉知幾則並舉紀傳編年爲正史。嗣唐志列紀傳爲正史，而編年別出爲編年，是劃編年於正史之外，宋以後皆因之。其後學者遞有是非難之者，如晁公武謂：『編年紀傳各有所長，未易以優劣論，……而人皆以紀傳便於披閱，獨行於世，號爲正史，不亦異乎？』（郡齋讀書志史部敍）章學誠謂：『編年之書出於春秋，本正史也；乃班馬之學盛，而史志著錄，皆不以編年爲正史。……紀傳編年，古人未有軒輊；自唐以後，皆沿唐志之稱，於義實爲未安。』（史考釋例）釋之者，如王應麟謂：『逮漢六葉，有臣曰遷，網羅舊聞，終篇麟止，而編年之體始變；班劉而下，波沿影附，猶未有正史之名也。貴耳賤目，見聞異辭而史始雜；餘分閏位，記注並作而史始僞。碔玉雜陳，朱紫易混，由是科其條別，粹然一出於正者，編爲正史。』四庫提要謂：『班馬舊裁，歷朝繼作，編年一體，或有或無，不能使時代相續，故姑置焉，無他義也。』究之，紀傳兼包體用，而備及典章；（無表志之史本非完全。）編年綜貫事實，而或遺文獻。況紀傳得馬班而其體已尊，後史循其軌轍，可免蕩失；編年則左氏義法既不易求，荀裴之倫復匪其任，勢之不敵，無足異也。即杜氏通典之號爲掌故淵海，司馬通鑑之號爲典型總會者，其採集史材，亦多本諸歷代正史，而其時固已晚矣。皇甫湜曰：『今之作者，苟能遵紀傳之體制，同春秋之是非，文適遷固，直如南董，亦無上矣。』是紀傳可當正史之目，無疑也。

正史名數，至宋而始定爲十七史——司馬遷史記，班固漢書，范曄後漢書，陳壽三國志，房喬晉書，沈約宋書，蕭子顯南齊書，姚思廉梁書，陳書，魏收魏書，李百藥北齊書，令狐德棻周書，魏徵隋書，李延壽南史，北史，歐陽修，宋祁新唐書，歐陽修新五代史；——至明而合托克托宋遼金三史，及宋濂元史爲二十一史；至清修明史爲二十二

·国学概论·
神州国光社
一九三二年版

史，又增入劉昫舊唐書爲二十三史；又裒集薛居正舊五代史爲二十四史：四庫遂列之爲正史類，謂『正史體尊義與經配，非懸諸令典，莫敢私增，所由與稗官野記異也。』迄近人柯紹忞箸新元史，經政府頒行，列爲正史，自是遂有二十五史之目。

正史體例，創於司馬遷，本紀以序帝王，世家以紀侯國，十表以繫時事，八書以詳制度，列傳以誌人物，然後一代君臣政事賢否得失，總彙於一編之中；歷代作史者，遂不能出其範圍。雖班范稱書，陳壽稱志，李延壽稱史，歐陽修稱史記，（五代史原名五代史記。）實一體也。惟史記稱書者，各史皆稱志，五代改稱考；史記稱世家者，諸史不能悉有，惟五代史因之，而晉史改稱載記，名雖小異，實亦同也。史記先本紀，次表，次書，次世家，次列傳，漢書以下多同；惟晉書載記，五代史世家，附於書末，宋遼金元諸史因之；新唐書表後於志；魏書志後於傳，五代史同：次雖小異，各有當也。史記論斷標『太史公曰』，而漢書稱贊；三國志稱評；後漢書稱論而繫以四言之贊；宋書標以『史臣曰，』南齊書，梁書，陳書，魏書，北周書，晉書，隋書，舊唐書因之；五代史直起無標題：實亦同也。惟元史無論

·国学概论·
神州国光社
一九三二年版

贊耳。參趙翼廿二史劄記及王鳴盛十七史商榷。

諸史首本紀。司馬貞史記索隱曰：『紀者記也，本其事而記之，故曰本紀。又，紀，理也，絲縷有紀，而帝王書稱紀者，言爲後代綱紀也。』張守節正義引裴松之史目曰：『天子稱本紀，本者繫其本世，故曰本紀；紀者理也，統理衆事，繫之年月，名之曰紀。』史通本紀篇曰：『紀之爲體，猶春秋之經，繫日月以成歲時，書君上以顯國統。又紀者既以編年爲主，惟敍天子一人，有大事可書者則見之於年月，其書事委曲，付之列傳。『此本紀之義也。史記列項羽爲本紀，後儒譏爲自亂其例；故漢書改爲列傳。三國志但有魏紀，而吳蜀無之，後儒多非其以正統屬魏。後漢書立皇后紀，蓋倣史漢呂后紀之例，然史遷以此時政由后出，故立后紀；班固則先立孝惠紀，孝惠既崩，雖有少帝，非劉氏子，故納其事爲后紀，非如後漢書之贅而過當也。新唐書立武后紀，以其易唐而周，朝政屬之，亦史漢之遺意。宋史度宗本紀後附瀛國公及二王，則以正統緒餘，已登極建號，不沒其實。至於偏隅閏位，皆立本紀，如馬令，陸游之南唐書者，固似太濫，然亦自成其體也。

次世家。司馬貞曰：『世家者，記諸侯本世也，言其下及子孫常有國。』故孟子曰：『陳仲子，齊之世家。』又董仲舒曰：『王者封諸侯，非官之也，得以代代爲家者也。』史通世家篇曰：『當周之東遷，王室大壞，於是禮樂征伐自諸侯；迄乎秦世，分爲七雄。司馬遷之紀諸國也，其編次之體，與本紀不殊，蓋欲抑彼諸侯，異乎天子，故假以他稱，名爲世家。』此世家之義也。史記列孔子爲世家，爲尊其道，列陳涉爲世家，爲其首抗暴秦而進之，而後人皆以亂例譏之。至以漢興諸侯皆列世家，比於周之列國，以其類於封建耳，而實則無異於列傳；故漢書盡改爲列傳，得其實也。晉書於五胡諸國數世相傳者列爲載記，以其割據疆土，僭稱大號，不得以侯國例之。新五代史則於吳，南唐，前後蜀，南北漢，楚，吳越，閩，南平，皆稱世家，宋史因之，亦作十國世家，蓋猶遷史之遺意也。

次表。司馬貞曰：『應劭云，表者錄其事而見之，按禮有表記，而鄭玄云「表，明也，」

·国学概论·
神州国光社
一九三二年版

謂事徵而不著，須表明也，故言表。』張守節曰：『表者明也，明言事儀。』史通表曆篇曰：『蓋譜之建名，起於周代，表之所作，因譜象形；故桓君山有云，太史公三代世表，旁行斜上，並效周譜，此其證歟！』此表之義也。史記十表，與紀傳相爲出入，系年列爵，眉目朗然，實開後世廣塗。漢書因之列八表，惟古今人表不屬於漢，闌入書中，頗見識於後世。自後漢至南北史皆無表；新唐書三表；（宰相，方鎮，宗室世系。）新舊五代史皆無表；宋史二表；（宰輔，宗室。）遼史八表；（世表，皇子，公主，皇族，外戚，遊幸，部族，屬國。）金史二表；（宗室，交聘。）元史六表；（后妃，宗室，世系，諸王，公主，宰相。）明史五表。（諸王，功臣，外戚，宰輔，七卿。）後人多就歷代正史缺表者補之，庶各臻於完備。（顧炎武曰：作史無表，則立傳不得不多，文愈繁，則事蹟或反遺漏而不舉。）

次書志。司馬貞曰：『書記，五經六籍總名也。此之八書，紀國家大體；班氏謂之志，志亦記也。』史通表曆篇曰：『夫刑法，禮樂，風土，山川，求諸文籍，出於三禮。及馬班著史，別裁書志，考其所記，多效禮經。原夫司馬遷曰書，班固曰志，蔡邕曰意，華嶠曰典，張勃曰錄，何法盛曰說，名目雖異，體統不殊。』此書志之義也。史記八書以紀典制，漢書因之作十志，律曆志則本律書曆書，禮樂志則本禮書樂書，食貨志則本平準書，郊祀志則本封禪書，天文志則本天官書，溝洫志則本河渠書，又增刑法，五行，地理，藝文四志。後史律曆，禮樂，天文，地理，刑法，皆不能無。惟後漢書改地理爲郡國，又增禮儀，祭祀，百官，輿服四志；三國志無志；晉宋書略同漢書；宋書增符瑞志；齊書有祥瑞志；梁陳書及南史無志；魏書改天文爲天象，地理爲地形，祥瑞爲靈徵，而增官氏釋老二志；齊周及北史皆無志；隋書本亦無志，今志乃于志寧，李淳風，韋安仁，李延壽別修梁陳齊周隋五代史志，詔編第入於隋書，又改藝文爲經籍；新唐書增儀衞，選舉，兵制三志；舊五代史志類有減無增；新五代史別立司天，職方二考，亦卽天文地理之變名；宋史略同前史，遼史增營衞，捺鉢，部族，兵衞諸志；金元明三史略同宋史，但金元少藝文耳。

次列傳。司馬貞曰：『列傳者，謂敍列人臣事跡，令可傳於後世，故曰列傳。』張守節曰：『其人行跡可敍列，故曰列傳。』史通列傳篇曰：『夫紀傳之興，肇於史漢，蓋紀者編年也，傳者列事也。編年者歷帝王之歲月，猶春秋之經；列事者錄人臣之行狀，猶

·国学概论·
神州国光社
一九三二年版

春秋之傳。春秋則傳以解經，史漢則傳以釋紀。』按子玄此論，不免拘迂，蓋傳者傳其事，孟子曰於傳有之是也，列者比列，猶周列國，漢列侯也。此列傳之義也。史記列傳各以類從，如老莊申韓合傳，屈原賈誼合傳，平津主父合傳之類。又別立儒林，循吏，酷吏，刺客，游俠，佞幸，滑稽，日者，龜策，貨殖諸名目以資歸納。後史不盡拘其舊名，如漢書少刺客，滑稽，日者，龜策四傳，而增西域傳；後漢書於儒林，循吏，酷吏外，又增宦者，文苑，獨行，方術，逸民，列女等傳；三國志減而不增；晉書改循吏爲良吏，方術爲藝術，又增孝友，忠義兩傳，而末附逆臣不立目；宋書改佞幸爲恩倖，而末附二凶；齊書改文苑爲文學，良吏爲良政，隱逸爲高逸，孝友忠義爲孝義，恩倖爲倖臣，而末附降敵之臣；梁書改孝義爲孝行，又增止足，而末附逆臣；陳書及南史同，惟侯景等則別立賊臣名目；魏書改孝行爲孝感，忠義爲節義，隱逸爲逸士，宦者爲閹宦，而以劉石晉宋齊梁等俱入外國傳；北齊無增改；周書增附庸；隋書改忠義爲誠節，孝行復爲孝義，餘同前史，而末附諸割據叛變者；北史略同前史，但增僭僞；舊唐書亦同前史，而末附安史，不立逆臣之目；新唐書增公主，藩鎮，姦臣，而末於逆臣中別出叛臣；舊五代史增世襲；新五代史增家人，義兒，伶官，分忠義爲死節，死事，其歷事各朝者爲雜傳，唐臣爲唐六臣傳；宋史增道學及周三臣傳；遼史改良吏爲能吏；金史無儒學，但改外戚爲世戚，文苑爲文藝；元史增釋老，明史增閹黨，流賊，土司，餘均略同前史。大抵名目同異，則意在出新分合增損，則各從其事。然過析則近瑣，多立則近煩，固不若返約之爲得也。

史記上起黃帝，下訖漢武，會詩，書，左傳，國語，世本，戰國策，楚漢春秋之言，勒成一書，自以爲繼孔子之述作。其書網羅舊聞，整齊百家，藏諸名山，副在京師。至宣帝時，其外孫楊惲祖述其書，遂以宣布，而十篇有錄無書。元成之間，褚少孫補之，作武帝紀，三王世家，龜策，日者等傳，辭多鄙陋，失其本意。（廿二史劄記謂十篇之外，尚有少孫增入者，如書中題褚先生曰者，又正文之下另空一字者，又就原文而增其以後事者，皆少孫所補，附史記並傳，又謂且有後人竄入者。日知錄亦云。）其後劉向，劉歆及諸好事者若馮商，衞衡，揚雄，史岑，梁審，肆仁，晉馮，段肅，金丹，馮衍，章融，蕭奮，劉恂等，相次撰續，迄哀平間，猶名史記。至建武中，班彪因諸續者鄙俗，不足以踵前史，又雄，歆褒美僞新，誤後惑衆，不當垂後；於是採其舊事，旁貫異文，作後傳六十五篇。其子固以父所撰未盡一家，乃起高祖，終王莽，十二世二百三十年，綜其行事，上下通洽，爲漢書紀，表，志傳百篇。會有訐其私改者，詔繫獄，固弟超詣闕自陳得解，卽命卒業，經二十餘年乃成，惟八表及天文志未竟。適固坐竇氏事卒於獄，書頗散亂，其妹昭奉詔就東觀藏書踵成之。史通謂表及天文志多是馬續所作。其書記述與史記互有異同得失，且有移置史記文及增傳增事者。宋倪思撰班馬異同，廿二史劄記條列之。後人多評騭二書之優劣。如劉知幾議史記同爲一事，斷續相離，編次相類，不求年月，二體 皇后傳標題外戚，題目 龜策傳以物並人，編次 項羽列爲本紀，本紀列傳 陳涉列爲世家，世家 傳管晏不取本書，論魏亡乃委天命。史記 議漢書：立天文志，書志 作古今人表，題目品藻 表志上及羲年，斷限 遷傳竟忘書字。諸漢史 多爲得間。至如鄭樵議史記博雅不足，詆漢書專事剽竊，通志總敍 則言易行難，不免偏矯。惟章學誠謂「遷書體圓用神，多得尙書之遺；班氏體方用智，多得官禮之意。」文史通義書教下 猶平情之論也。若夫班固譏遷「論大道則先黃老而後六經，序游俠則退處士而進姦雄，述貨殖則崇勢利而羞貧賤」，而傅玄議固「論國體則飾主闕而折忠臣，敘世教則貴取容而賤直節，述時務則謹辭章而略事實。」班固惜

·国学概论·
神州国光社
一九三二年版

遷罹李陵之禍；而范曄嗤固遘竇氏之獄。各自彈射，遞相瘡痏，所謂忘己拙而笑人未工，燭千里而自失其睫者矣。

後漢史，據隋志著錄，有劉珍等東觀漢記，吳謝承後漢書，晉薛瑩後漢書，司馬彪續漢書，華嶠後漢書，謝沈後漢書，張瑩後漢南紀，袁崧後漢書。自宋范曄窮覽舊籍，刪煩補略，作後漢書，梁劉昭爲之注。魏劉芳，陳臧競，蕭該爲之音訓；及唐章懷太子李賢作注，其書大行，而諸家漸晦。（後人從諸史注中輯其殘餘，爲八家後漢書。）范書九十卷，體例一如班書，惟十志未成，後人乃移司馬彪志補入其書。又無年表，宋熊方乃補同姓侯王表，異姓諸侯表，百官表八卷別行。范氏最自矜者爲其所撰諸論，而知幾議其附贊卷末，篇目相離，斷絕失次。又議其闌入王喬，左慈，廩君，槃瓠諸事，詭越迂誕，朱紫不別；（史通採撰及書事）沿襲更始怯弱舊說，空傳僞錄。然稱其『所取頗有奇工。』顧炎武，趙翼，嘗摘其疏漏處多條，（見日知錄卷廿六，廿二史劄記卷四。）蓋以其採掇成書，多沿舊文，未及改訂耳。

三國史，據隋志簿錄，有晉王沈魏書，韋昭吳書，環濟吳紀。自陳壽三國志行，而諸

·国学概论·
神州国光社
一九三二年版

家漸晦。三國志六十五卷，（魏志三十卷，蜀志十五卷，吳志二十卷。）以魏爲正統，故惟魏志有紀。至習鑿齒作漢晉春秋，始帝蜀而黜魏。後世多右習而左陳。然陳氏以身仕晉，初晉承魏統，故不得不以正統屬魏；習氏則時値東晉，類蜀之偏安，故不得不以正統與蜀，時勢始然，固可諒也。其書簡直有法，而劉知幾議其『曲陳曹美，虛說劉非。』（探賾）；趙翼更摘其書法爲魏迴護多條，開後史曲筆之端，不及范書獻帝紀，猶有春秋遺法；然亦謂其翦裁斟酌，亦自有矜愼不苟者，（廿二史劄記卷六）固無媿良史也。（劉氏於『蜀無史職』一語，詆其由父辱受髡，故加謗議，趙氏則據其折服諸葛處辨之。）宋文帝命裴松之作注，乃鳩集傳記，增廣異聞，引書至五十餘種，知幾議其不加刊定，坐長煩蕪，（補注）然晉宋以前故籍，得藉以流傳鱗羽，其功不可沒也。

晉史，據隋志簿錄，有晉王隱，虞預，朱鳳，宋謝靈運，齊臧榮緒，蕭子雲諸家晉書，宋何法盛晉中興書，梁蕭子顯晉史草，及鄭忠，沈約，庾銑諸家。史通謂『貞觀中有詔以前後晉史有十八家，制作雖多，未能盡善，乃敕史官更加纂錄，採正典與雜說數十餘部，兼引僞史十六國書，……自是言晉史者皆棄其舊本，競從新撰。』然唐人如李善文選注，徐堅初學記，白居易六帖，於王，虞諸書及晉史之編年者悉見稱引，是當時舊本未嘗果棄，特以官書既行，又有太宗御撰二篇，（陸機及王羲之傳）故重於一時耳。晉書一百三十卷以臧榮緒本爲主，而兼考諸家成之。其書好入詼諧神怪之言，（如語林，世說，幽明錄，搜神記之類。）劉知幾深譏之，（見採撰書事及諸晉史三篇）又其論贊亦多麗辭，蓋狃於風氣耳。而趙翼則謂『其紀傳敘事皆爽潔老勁，迥非魏宋二書可比；而諸僭僞載記，尤簡而不漏，詳而不蕪，視十六國春秋不可同日語。』（廿二史劄記卷七）然於其贅冗處，亦不盡爲之諱。四庫提要謂『其所褒貶，略實行而獎浮華，所採擇忽正典而取小說，特以十八家之書並亡，考晉史者舍此無由，故歷代存之不廢』云。

宋史，據隋志著錄有宋徐爰，齊孫嚴，梁沈約諸家宋書。史通謂徐書序事多虛，難以取信；又永光以後至禪讓十餘年中，闕而不載。沈書百卷，永明末行世，裴子野刪爲宋略二十卷，沈約亦自歎不逮，由是世之言宋史者，以裴略爲上，沈書次之。沈書多取徐氏舊本，成書最速，書禪代之際，多所避諱；其八志則義例頗善。惟追述前代，晁公武

·国学概论·
神州国光社 一九三二年版

議其失於限斷。四庫提要則謂詳其沿革，未爲大失。齊史，據隋志著錄，有梁蕭子顯齊書及劉陟沈約二家齊紀惟蕭書詔付祕閣，其書六十卷今存五十九卷。趙翼稱其比宋書爲簡淨，而類敍法最善。廿二史劄記卷九 四庫提要謂其高帝紀附會緯書，連綴瑣事，而列傳尤冗雜。梁史，據隋志著錄，有梁謝吳梁書，陳許亨梁史；又江淹嘗作十志，姚察嘗作帝紀，書皆未就。陳史初有顧野王傅縡所撰武文二帝紀，後有陸瓊續撰諸篇，姚察就加删改，亦未竟。至唐，詔察子思廉，憑父舊稿，加以新錄，歷九年方畢，述爲梁書五十六卷，陳書三十六卷。思廉家學淵源，用力又至勤篤。四庫提要稱梁書持論平允，陳書列傳體例秩然，雖小有牴牾失檢處，然頗具史法也。趙翼更稱其『行文自出鑪錘，直欲遠追班馬，一洗六朝蕪冗之習。』廿二史劄記卷九

元魏史，據隋志著錄，有後齊魏收及隋魏彥深即魏澹兩家後魏書；唐又有張太素書。澹書以西魏爲正統，與張太素書均不傳。魏史惟以收書爲主。收書百三十卷，今本存百十四卷，爲宋劉恕，范祖禹等所校定。劉知幾詆其以『僭晉』『島夷』稱南朝，

愛憎出於方寸，予奪由其筆端，史通題目稱謂黨附北朝，尤苦南國，助桀爲虐，幸人之災，採撰性憎勝己，喜念舊惡，世薄其書，號爲『穢史。』正史趙翼亦揭其曲筆，謂『趨附避諱，是非不公；』而四庫提要則謂『互考諸書，證其所著，亦未甚遠於是非，』所見又自不同。

高齊史，隋有李德林草創未就；唐初詔其子百藥仍其舊錄，雜採他書，成北齊書五十卷，大致倣後漢書之例，卷後各繫論贊。其書至北宋後漸佚，後人乃取北史以補其亡。四庫提要謂其『文章萎苶，節目叢脞，固由於史材史學不及古人，要亦時爲之也。』

宇文周史，隋志著錄有牛弘未成之作，史通稱周紀唐貞觀初，敕令狐德棻岑文本共加修緝，定周書五十卷，後頗殘缺，乃取北史以補亡，又多所竄亂，與原書混淆莫辨。劉知幾謂『其書文而不實，雅而無檢，眞跡甚寡，客氣尤繁。』四庫提要則謂『文質因時，紀載從實，周代既文章爾雅，倣古製言，載筆者勢不能易彼妍辭，改從俚語。』隋史先有王劭隋志，事以類從，非紀傳體。貞觀初，敕顏師古孔穎達撰成隋書五十五卷，稍後令于志寧等修梁，陳，齊，周，隋五代史志三十卷，編入隋書，通括五代，後五史各行，其志遂專稱隋志，實非原意。四庫提要謂『惟經籍志編次無法，在十志中爲最下，然漢以後之藝文，惟藉是以考見源流，辨別眞僞，亦不以小疵爲病』云。

李延壽承其父大師之志，刪減南北各朝正史以爲南史，北史，頗紹史遷通史之跡。南史八十卷，北史一百卷，刪煩補闕，意存簡要。然南史多採雜史爲實錄，且仍有芟削未盡者。北史則用力獨深，敍事詳密，首尾典贍，可稱佳史。趙翼嘗合八書與二史而參覈其同異得失，知南史刪宋書最多，於齊書則有增，於梁書有增有刪，於陳書無甚增刪；北史於魏齊周三書多所改訂，隋則全用隋書，略爲刪節，且多迴護之處。然綜八書以勒爲二史，其間翦裁綴緝之功良不易易；且雖曰二書，實通爲一家之箸述。故八書行而此二史亦不廢。

唐史，初有編年體之實錄，繼有紀傳體之國史。與其事者，先後有姚思廉，長孫無忌，于志寧，令狐德棻，許敬忠等。其後牛鳳及撰爲唐書，浮俗鄙亂，無當箸作。劉知幾與朱敬則，徐堅，吳兢奉詔更撰唐書，頗加刊正。嗣韋述，于休烈，令狐峘等續有增輯，皆具

·国学概论·
神州国光社
一九三二年版

舊規。長慶後，實錄失修，史官失職。至後晉時，劉昫，張昭遠奉敕撰唐書二百卷。長慶以前，藍本舊史，簡而有法；長慶以後，旁搜野記，繁略不均。廿二史劄記卷十六攷唐實錄國史兩次散失，舊唐書前半全用實錄國史舊本。宋仁宗以其淺陋，命歐陽修，宋祁刊修，歷十七年，成新唐書二百二十五卷。論者謂事增於前，文省於舊。蓋是時文治大興，殘編漸出，據以參攷，自得精詳。然劉安世則謂事增文省，正新書之失；吳縝更指摘瑕疵，爲新唐書糾謬一書。趙翼謂『宋景文於列傳之功，實費數十年心力；歐公本紀則不免草率從事。』蓋新書載言，則重理致而輕文彩，述事則慎書法而疏攷證。舊書煩瑣處，固得新書而歸於簡淨；然唐代文章實多賴舊書而獲傳。短長之數，未可率定，故後世並存爲正史。

五代史自開寶中詔薛居正等監修梁，唐，晉，漢，周書，越一年半而成書百五十卷，多據累朝實錄及范質五代通錄爲稿本。其後歐陽修別撰五代史記七十五卷藏於家，身後官爲刊印，二書遂並行於世。及金章宗時，詔學官止用歐史，於是薛史漸湮。惟永樂大典多載其文，而割亂其篇第。清乾隆間，就大典中甄錄條繫，排纂先後，得十八九；又考宋人書中所徵引者採錄以補其闕，於是薛史散而復聚。薛等文筆遠不及歐，然見聞較近事實較詳其諸志亦有裨文獻。歐史書法謹嚴，文章高簡，而事實則多疎譌；於典章則僅列司天職方二攷，亦不免過略。故後世亦並存爲正史。四庫提要謂『薛史如左氏之紀事本末賅具而斷制多疎；歐史如公穀發例，褒貶分明而傳聞多謬。兩家之並立，當如三傳之俱存。』亦平亭之論也。

宋，遼，金三史，元世祖時即詔本朝舊史撰修，所以未成書者，以義例未定耳。及順帝時，詔宋，遼，金各爲一史，托克托等於是據舊本以編排，不三年，三史遂就。宋史四百九十六卷，卷帙既繁，舛謬甚夥。北宋事跡較詳，南宋則略；理度兩朝，幾至不具首尾。明柯維騏宋史新編，沈世泊宋史就正編，皆辨糾其謬，猶未能盡。趙翼乃摘舉其各傳迴護處，附會處，錯謬處，遺漏處，排次失當處多條，（廿二史劄記卷二十三四）語皆有徵。遼史百十六卷，所據乃耶律儼，陳大任二家之書，見聞既隘，又蕆功於一載之內，無暇旁搜潦草成編，實多疎略。蓋因遼制書禁甚嚴，國人箸述傳於鄰境者罪至死，故策籍難以流播，兵後

·国学概论·
神州国光社
一九三二年版

遂至澌滅。然正以簡略，轉少浮詞。清厲鶚嘗採摭羣書，參考鈎稽，撰遼史拾遺一書，以補其缺漏，攷其異同，自比於裴松之三國志注云。金史百三十五卷，所據乃元好問壬辰雜編，劉祁歸潛志及張柔王鶚之書，首尾完密，條例整齊，在三史中獨爲最善。蓋金人典章記注素爲詳贍，故取材較二史爲易。雖趙翼摘舉其失當處，疏漏處，避諱處，誤處，紀傳不相符處多條，而大體不失爲佳編。

元史於洪武二年命宋濂，王褘據元代十三朝實錄以修之，先後二次開局，閱時共僅十月而成書二百十卷，甫經頒行，而已多竊議其紕漏。蓋元起朔漠，本無文字，開國後，又不置日曆，不置起居注，獨中書置時政科，遣一文學掾掌之，以事付史館；及易一朝，則國史據以修實錄，其於史實固疏。然天曆以前，尙有虞集經世大典可據；順帝以後，更無依據，惟憑採訪，故取材實難。略見徐一夔致王褘書。然元史大概亦尙完整，諸志亦詳贍；惟表志分合頗失宜，列傳多以人名譯音字異而複。顧炎武日知錄，趙翼廿二史劄記各摘舉之。洪武中，嘗命解縉修正元史舛錯，其書留中不傳。及近人柯紹忞新元史，綜核其失，一一糾正，更博

·国学概论·
神州国光社
一九三二年版

稽衆籍，於地理及史實力求翔實，遂與舊史並爲正史。

明史，初有朱國楨之明史稿，莊廷鑨刻之，因興大獄，書盡搜焚。康熙間，命博學宏詞諸臣分纂明史，葉方靄，張玉書總裁其事。繼又以湯斌，徐乾學，王鴻緒，陳廷敬，張英，先後總裁。後玉書任志書，廷敬任本紀，鴻緒任列傳，而鴻緒傳稿先成，又從事纂輯本紀志表。雍正初，表進之，乃命張廷玉即鴻緒稿再加訂正，乾隆初始告蕆，先後蓋閱六十年矣。書凡三百三十六卷，略從舊史之例而稍爲損益，號稱完善，終清之世，無敢議之者。究之易代之際，更當夷夏之交，記載不無曲諱。況莊氏史獄前車未遠，諸臣更不能不將愼從事，以云信史，尙有待於後人耳。

斷代爲史，始於班固，劉知幾贊之，謂『包擧一代撰成一書，學者尋討易爲其功。』（史通六家）鄭樵則力詆其『失會通之旨，無相因之義，一帝數紀，一人數傳，前王不列於後王，後事不接於前事，各詆其敵，各黨其國，傷風敗義，莫大乎此』；（略括通志總序語意）而深惜吳均通史，陸從典續史記之未成。近人乃深袒其說，謂『史記爲國民歷史，漢書以下變爲帝王家譜；史之爲狀如流水，豈可以朝代之興亡爲之劃分。』（略括梁啓超歷史研究法語意）此雋而不驟之論也！夫史記以前無完備之史，馬遷發憤網羅舊聞，勒成一書，固無意於通或斷也。然其於朝代之嬗革，國度之疆界，亦難抹摋。（如諸本紀，諸世家。）則以中國自古君主世承，王者有國，禮樂征伐皆所自出，事實所在，正不得以意上下之。孔子所謂殷因於夏，周因於殷，損益可知，亦可明朝代更易，必有損益；則後史斷代，但須著其損益，無害會通之旨也。班固生馬遷之後，勢不必追述前古，故斷自漢興以來，括其人物制度，箸爲漢書，正以續遷，未爲背馳也。今責固以不當斷代，則固將斷天漢以後，永平以前以續史記乎？則漢代典章續有因革，不得以遷之八書爲已備也；年爵續有增易，不得以遷之十表爲遂終也。不續固爲缺失，續則舊書新錄，界限不明，將令後來者何以著筆也？（向歆父子及馮商以下諸家續史記，皆不能成書，亦以此故。）固既負述作之才，乃獨變通遷法，成西漢一代之史，使後人便其體制，相續無窮，則其功偉矣，胡可罪之？若夫私心曲筆，後史之病，使南董復生，雖當代亦不能屈，況歷朝修史於易代之後乎？吳均通史幸不傳，藉令竟傳，恐亦無解於斥北爲虜，稱梁爲義之譏。良以主客之觀，載筆不免，公論之定，必待後人耳。鄭氏自爲通志，亦惟二十略通古今而述之；至其帝紀列傳，亦不能舍歷代正史而別求所謂通。則其詆固無乃過乎！若夫今世君制既傾，無代可斷，此後史書或無妨用通史之法，然不必以此責之古人也。

·国学概论·
神州国光社
一九三二年版

第三章 諸類雜史

雜史之稱，發於隋志。列汲冢周書，古文瑣語，戰國策，楚漢春秋，古今注，越絕記，吳越春秋，魏武本紀，呂布本事，梁皇帝實錄，帝王世紀，漢書鈔，正史削繁，等七十二部。而敍之曰『自秦撥去古文篇籍遺散。漢初得戰國策，蓋戰國遊士記其策謀，其後陸賈作楚漢春秋，以述誅鋤秦項之事；又有越絕，相承以爲子貢所作，後漢趙曄又爲吳越春秋。其屬辭比事，皆不與春秋史記漢書相似；蓋率爾而作，非史策之正也。靈獻之世，天下大亂，史官失其常守，博達之士，愍其廢絕，各記聞見以備遺忘；是後羣士景慕，作者甚衆。又自後漢以來，學者多鈔撮舊史，自爲一書，或起自人皇，或斷之近代，亦各其志，而體製不經，又有委巷之說，迂怪妄誕，眞虛莫測；然其大抵皆帝王之事，通人君子必博采廣覽，以酌其要，故備而存之，謂之雜史。』淸四庫總目，亦列雜史一類，列國語，國策，貞觀政要，渚宮舊事，東觀奏記，北狩見聞，咸淳遺事，大金弔伐錄，汝南遺事，弇山堂別集，蒙古源流等廿二部。敍謂『載籍既繁，難於條析，義取乎兼包衆體，宏括殊名，……凡所著錄，則務示別裁，大抵取其事繫廟堂，

·国学概论·
神州国光社
一九三二年版

語關軍國，或但具一事之始末，非一代之全編；或但述一時之見聞，秖一家之私記，要期遺文舊事，足以存掌故，資攷證，備讀史者之參稽。』案隋志史部分正史，古史，雜史，霸史，起居注，舊事篇，職官篇，儀注篇，雜傳，地理記，譜系篇，簿錄篇等。四庫史部分正史，編年，紀事本末，別史，雜史，詔令奏議，傳記，史鈔，載記，時令，地理，職官，政書，目錄等。其名目互有異同，如古史則編年之屬也；霸史則載記之屬也；起居注，舊事篇則別史之屬也；儀注篇，刑法篇，則政書之屬也；雜傳則傳記之屬也。正史，雜史，職官，地理，四者同名；譜系不列於四庫；紀事本末，詔令奏議，史鈔，時令，不列於隋志。其範圍亦互有出入，如：國語，隋列經部春秋，而四庫則入雜史；汲冢周書，隋列雜史，而四庫則入別史；越絕記，吳越春秋，隋列雜史，而四庫則入載記；古今注，隋列雜史，而四庫則入子部雜家；穆天子傳，隋列起居注，漢武故事，西京雜記，隋列舊事篇，王子年拾遺記，隋列雜史，異苑，搜神記，續齊諧記，隋列雜傳，山海經，十洲記，神異經，隋列地理篇，而四庫皆入子部小說家；同姓名錄，隋列雜傳，而四庫則入子部類書；書品，隋列簿錄，而四庫則入子部藝術。

他如隋志漢書鈔，晉書鈔，（雜史）則四庫史鈔之類也；隋志海岱志，（雜傳）則四庫地理之類也；隋志桓玄僞事，（舊史篇）則四庫傳記之類也；（如存目中傳記別錄之屬）隋志晉令，梁令，南臺奏事，魏名臣奏事等，（刑法篇）則四庫詔令奏議之類也；隋志竹譜，錢譜，錢圖，則四庫子部譜錄之類也。蓋古今部目區分，緣時而變。古有其類而今無者，可與銷除；（如譜系。）古無其類而今有者，不妨建立；（如紀事本末時令。）古多而今少者，可與附見；（如起居注舊事篇。）古少而今多者，不妨別開。（如詔令奏議。）要各隨其所宜而已。（鄭樵通志校讎略云：『李延壽南北史，唐志題於集史是，崇文類於雜史非。吳紀，唐志類於編年是，隋志類於正史非。海宇亂離志，唐志類於雜史是，隋志類於編年非。』足徵部目在昔已多出入。）今敘史部除正史編年紀事本末三體，囊括品類，綜貫古今，不得以雜史目之；其餘諸類，或廣史志，或著偏隅，統稱之曰雜史，視前此所指範圍爲廣。雖類例小違校讎，而渾涵可便論列，要於『博采廣覽以酌其要』『足以存掌故質攷證』之義，固無傷也。

今區雜史之屬爲四：一別史，二政書，三地理，四目錄。各分述之：

別史之目，創於陳振孫書錄解題，以處上不至於正史，下不至於雜史者。清四庫則從而列別史一類，謂『史記漢書以下已列爲正史矣。其歧出旁分者，東觀漢記，東都事略，大金國志，契丹國志之類，則先資草創；逸周書，路史之類，則互取證明；古史，續後漢書之類，則檢校異同。其書皆足相輔，而其名則不可以並列，命曰別史，猶大宗之有別子云爾。』今按四庫所列雜史，亦先資草創之類也；傳記亦互取證明之類也；載記亦檢校異同之類也；皆可以別史括之。大抵其書有出於上世之遺籍者，如汲冢周書，國語，戰國策是也。有出於當時之官書者，如東觀漢記，貞觀政要，東觀奏記，大金弔伐錄，魏鄭公諫錄等是也。有出於私家之記述者，如隆平集，東都事略，北狩見聞錄，松漠紀聞，平宋錄，金陀粹編，昭忠錄，殿閣詞林紀，江南野史，江表志，三楚新錄，五國故事，吳越備史等是也。有出於後世之採摭者，如建康實錄，古史，路史，契丹國志，大金國志，古今紀要，續後漢書，春秋別典，尙史，渚宮舊事，咸淳遺事，錢塘遺事，孔子編年，杜工部年譜，古列女傳，高士傳，春秋列國諸臣傳，廉吏傳，名臣言行錄，百越先賢志，明儒學案，東林列傳，儒林宗派，史傳三編，吳越春秋，越絕書，華陽國志，十六國春秋，南唐書，十國

·国学概论·
神州国光社
一九三二年版

春秋等是也。雖瑣言偏記，盡信不如無書；而廣益集思，禮失無妨求野。正史而外，此蓋其輔車矣。

政書者，周官六典之遺也，古所謂政，禮而已矣。自王道衰而政遠於禮，於是禮經之外，別出政書。然政者正也，所以率民以正，其本亦未嘗悖於禮，特後世法術既盛，以束縛馳驟爲治，而政始與禮日睽耳。史記八書紀國家大體，漢書以下，皆謂之志；而攷其所紀，多效禮經。迄隋志猶分列職官，儀注，刑法諸門，皆政書之屬也。蓋史志著一代之典章，範廣而事備；餘書載一事之本末，體專而質詳。跗蕚添流，取其相輔，故史志之外，餘書不廢。自杜氏通典網羅前代，綜貫羣書，由是集政書之大成；其後鄭氏通志，馬氏通攷，相繼有作，攷史議政，羣莫能外。至如宋王溥唐會要，五代會要，則按稽官錄以述近制；徐天麟西漢會要，東漢會要，則博徵古籍以述前王；而明會典，清會典，則著當代典章以垂法憲：是皆政典之總匯也。餘如職官之屬，有唐六典，麟臺故事，翰苑羣書，宋宰輔編年錄，祕書監志，禮部志稾，太常續考，國子監志等，則天官之職也。邦計之屬，有救荒活民書，錢通，捕蝗考，荒政叢書等，則地官之職也。典禮之屬，有漢官舊儀，大唐開元禮，政和五禮新儀，謚法，大金集禮，明集禮，頖宮禮樂疏，明謚記彙編，大清通禮，皇朝禮器圖，歷代建元考等，則春官之職也。軍政之屬，有歷代兵制，馬政紀，八旗通志等，則夏官之職也。刑法之屬，有唐律疏議，大清律例，刑案匯覽等，則秋官之職也。攷工之屬，有營造法式，造甎圖說，水部備考等，則冬官之職也。後人讀史，欲明治亂興革之由，必賴政書以存往跡。孔子所謂『損益百世可知，』不外此矣。

地理志昉於尙書禹貢『別九州，隨山濬川，任土作貢』及周官職方氏『掌天下之圖，掌天下之地，辨其邦國，都鄙，四夷，八蠻，七閩，九貉，五戎，六狄之人民，與其財用，九穀，六畜之數，要周知其利害，乃辨九州之國，使同貫利。』蓋其所詳，方域山川人物風土而已。漢初，蕭何收秦圖籍，故知天下要害。而史記八書，祇述河渠。漢書始別出地理志，述郡國山川風物，言古輿地者，莫能舍之。隋志謂：晉摯虞依禹貢周官作畿服經；齊陸澄聚百六十家之說作地理書；任昉增之爲地記；陳顧野王又抄撰衆家之言作

·国学概论·
神州国光社
一九三二年版

輿地志；隋時有諸郡物產土俗記，區宇圖志，諸州圖經集等；其書今俱不傳。其傳者若山海經，十洲記，神異經，語多荒怪，體雜小說，非地志之正。其確屬地理者；總志有元和郡縣志太平寰宇記，元豐九域志，輿地廣記，方輿勝覽，明一統志，淸一統志，方輿紀要等；方志有吳郡志剡錄，日下舊聞考，及宋，元，明，淸以來各地方志等；山川有水經注，廬山記，赤松山志，西湖遊覽志，桂勝，吳中水利書，三吳水考，河防一覽，河源紀略，水道提綱等；古蹟有三輔黃圖，洛陽伽藍記，吳地記，長安志，洞霄圖志，汴京遺蹟志，武林梵志，關中勝蹟圖志等；風土有南方草木狀，荊楚歲時記，桂林風土記，東京夢華錄，嶺表錄異，中吳紀聞，桂海虞衡志，夢粱錄，武林舊事，蜀中廣記等；遊記有游城南記，河朔訪古記，徐霞客遊記等；夷志有佛國記，大唐西域記，宣和奉使高麗圖經，諸蕃志，島夷志略，東西洋考，職方外紀等；或明沿革，或紀方隅，要取爲敷政考史之助，特輿地隨時而遷，古籍不能拘執耳。

目錄之學，創於劉向父子。向受命校書天祿閣，條其篇目，撮其指意，以爲別錄；子

·国学概论·
神州国光社
一九三二年版

歆踵就父業，乃總羣書而奏七略。班固因之而作藝文志，存六藝，諸子，詩賦，兵書，術數，方伎六略，而去其輯略。顏師古謂輯與集同，即諸書之數要。至魏鄭默作中經；西晉荀勖因之而箸新簿，分為四部。甲部六藝小學，乙部古諸子及近世子家，丙部史記舊事皇覽部雜事，丁部詩賦圖讚汲冢書。永嘉之亂，典籍略盡。東晉李充為四部書目，所錄甚少，而稍變其次，甲部五經，乙部史記，丙部諸子，丁部詩賦。自是祕閣定為永制。其後如宋謝靈運四部書目，齊王亮謝朏四部書目，梁任昉殷鈞四部目錄，皆因循李氏而無所變革者也。如宋王儉別撰七志，經典，諸子，文翰，軍書，陰陽，術藝，圖譜。梁阮孝緒更為七錄，經典，記傳，子兵，文集，技術，佛法，仙道。則導源劉氏而稍變其目者也。惟四部自隋唐以降皆承之，而七略則寖微耳。唐宋以後，書籍漸富，目錄亦繁，其流別約有三類：一官書，如唐開元四庫書目，宋崇文總目，中興館閣書目，明永樂大典目錄，文淵閣書目，清四庫總目等是也。二私籍，如唐杜信東齋集籍，宋李淑邯鄲圖書志，董逌廣川藏書志，晁公武郡齋讀書志，陳振孫直齋書錄解題，明朱勤美萬卷堂藝文目，高儒百川書志，黃虞稷千頃堂書目等是也。三史志，如隋書經籍志，舊唐書經籍志，唐書藝文志，通志藝文略，文獻通考經籍考，宋史藝文志，明國史經籍志等是也。觀其先後之錄而知其存佚之數，而辨章學術，考鏡源流，其道在是矣。

夫史者，經世之學也。語其大者則天道，人紀，方域，典章，足以詔當時而鑒後世；語其小者，則風土，物產，瑣事，小言足以察興衰而徵治亂。故正史雜史，異物同功。正史總綱領而雜史詳條目；正史務謹嚴而雜史或泛濫。然而正史有定，雜史無窮。研史學者儻能就其所聞，期精期博，則雜史所關，寧出正史下乎？

·国学概论·

神州国光社
一九三二年版

第四章 史之義例

史之爲體尊矣哉！掌建邦之典，操筆削之權，樹人倫之紀，垂後世之法。其職侔相；漢制天下計書，先上太史，副上丞相。其文並經；尙書，春秋，爲史二家。其道爲師；老子爲周柱下史。其柄如法。晉史董狐書趙盾弑君，孔子歎其書法不隱。豈苟焉而已哉？自君權張而史職廢，世風漓而史道衰。於是輕儇者舞其文，陰賊者弄其柄，而史之體始卑。史體既卑，然後人主視之若俳優侏儒，藐然不足輕重，而其書亦遂爲粉飾貢諛之具。噫！史之不亡者幾希矣。自司馬遷紹名世而繼春秋，籀遺文而規左氏，發憤籑史記一書，於是後史沿波，遞有造述。顧識非知遠，德鮮持中，取材或近於蕪，載筆時鄰於穢。且官書牽於忌諱；私籑囿於謏聞。雖乞米受金，流言可諒；而黨同修怨，直道難周。欲其信今傳後，告往知來，蓋亦難矣！夫善惡之判，秉彝可明；是非之心，盡人皆有。私心難掩於公論，譸張必恧乎本懷，理則然已。然而斗衡所以息爭，而斗衡可竊；仁義所以蓄德，而仁義可盜。智巧之極，忠信泯焉。以言乎史，南董之直，昭於耳

·国学概论·
神州国光社
一九三二年版

目;春秋之義,炳若日星。孰不習聞?孰非心折?而何以史冊纍纍,作者藐藐乎?是知君權之張,世風之漓,有以致之。欲匡其非,斯義例不可不明矣。

史之有義例,猶國之有法憲也。法憲所以辨方正位,禁非止奸;而義例所以示範懸鵠,閑邪存誠也。上智不待法憲而循軌;良史不待義例而言公。凡所以立,爲中材耳,族史耳。良史或曠代而不見,而史職則一日不可缺,義例既立,庶族史皆可盡職而寡過。章學誠曰:『三代以上,記注有成法,而撰述無定名;三代以下,撰述有定名,而記注無成法。夫記注無成法,則取材也難;撰述有定名,則成書也易。成書易則文勝質矣;取材難則僞亂眞矣。僞亂眞而文勝質,史學不亡而亡矣。』蓋深慨夫義例之不明也。

今欲明史家之義例,必先究族史之病原。劉子玄慨舊史之蕪,疾館臣之闇,箸爲史通,暢乎言之;尋其所指族史之病,可括爲三:

一病曰疏夫事物至繁,周知不易,載籍綦博,攷信爲艱。故採摭不限於策書,箸述旁搜乎私撰。然其失則虛益新事,好集寓言,聚博務多,見嗤君子。如禹生啓石,伊產空桑，左慈羊鳴，王喬舄履，其爲誕妄，固不待言。至如蜀相嘔血，魏君中矢，沈炯罵書，魏收草檄異辭疑事，眞僞混淆。均見採撰篇 若其斷限必嚴，編次宜慎。乃如漢書表志，上盡羲年；陳志列傳，偏著董卓；魏列島夷之傳，班鈔禹貢之篇。斷限篇 向歆學術，乃附楚元；孺子主祭，咸書莽傳；蜀志首標二牧，齊書遽列和年。編次篇 是皆疏於別裁，馴至亂其統緒者也。

二病曰濫：夫言以足志，鄙倍爲愆，識以褎才，因習斯病。故辭固不嫌於刻畫，鑒宜有取於通方。然其失則言無準的，惟務浮詞；事涉蕪穢，僅同稗記。如登師少皞，魏慕漢高，浮詞篇 王思驅蠅，畢卓盜酒，書事篇 愛而不割，徒玷篇章。至如班書之稱沛漢，乃襲遷文；隋志之別苻姚，還依阮錄。因習篇 襲而不改，遂忘左袵。若其敘事務潔，載文戒煩。乃如魏書稱納貢，則曰來獻百牢；齊錄敘臨軒，必云朝會萬國；盧書以東門擬邢邵，李書以李廣喻王琳。敘事篇 簒奪之紀，屢存禪文；馬揚之傳，大半詞賦。載文篇 是皆濫於徵錄，故令損其精嚴者也。

三病曰曲：夫褒貶袞鉞，私乃無功；予奪譏訶，曲因爲弊。故是非不謬於聖人，愛憎應折諸公論。然其失則末學多忌，小人放恣，用舍由乎臆說，威福行乎筆端。如王沈魏書，假回邪以竊位；董統燕史，持諂媚以求榮；直書篇同建鄴於蠻邦；書王尉於逆將；沈書多妄，蕭武弗尤；魏史不平，齊宣無譴。曲筆篇史德不立，言則何居？若其論猶筆端，讚衒文采。息夫躬不居佞幸；楊王孫同列朱雲。鑒識篇是皆曲在寸心，遂使厚誣往古者也。

綜茲三病，乃有六宜：一曰史材宜覈，二曰體例宜純，所以捄其疏也；三曰立言宜雅，四曰鑒識宜通，所以捄其濫也；五曰，記敘宜直，六曰論斷宜公，所以捄其曲也。若夫兼具三長，勒成一代，見諸行事，非託空言，是在君子。劉章二氏，言之詳矣。

述史學竟。

·国学概论·
神州国光社
一九三二年版

國學概論跋

曉湘先生講學南都，勤心纂述，所爲國學概論，編眘歷時四載乃成，可以知其勞矣。觀其鑒括衆說，時下己意，諒非墨守舊聞者所可比擬。自言『治國學者當明四端：一曰辨眞僞，二曰知重輕，三曰明地理，四曰通人情。』先生信克踐之！顧其出小學於經類，退文集而不言，頗與目錄家異，殆爲講說方便計乎？學者果能問塗於是，進闚羣籍，其所詣寧有涯際！是則先生此編，謂爲佗日國故昌明之嚆矢，亦無不可。中華民國二十年，十二月，吳汪東謹記

图书在版编目（CIP）数据

国学概论选粹. 5, 国学概论 / 杜泽逊主编. —青岛：青岛出版社，2023. 1
ISBN 978-7-5736-0613-6

Ⅰ. ①国… Ⅱ. ①杜… Ⅲ. ①国学－概论 Ⅳ. ①Z126

中国版本图书馆CIP数据核字（2022）第236759号

GUOXUE GAILUN XUANCUI

书　　名	**国学概论选粹**
主　　编	杜泽逊
出版发行	青岛出版社
社　　址	青岛市崂山区海尔路182号（266061）
本社网址	http://www.qdpub.com
邮购电话	0532-68068091
策划编辑	刘　咏
责任编辑	吴清波　梁　娜
特约校对	朱子菡　李康康
封面设计	李开洋
装帧设计	青岛齐合传媒有限公司
印　　刷	青岛名扬数码印刷有限责任公司
出版日期	2023年1月第1版　2023年1月第1次印刷
开　　本	16开（889 mm×1194 mm）
印　　张	150.75
字　　数	2000千
印　　数	1—3000
书　　号	ISBN 978-7-5736-0613-6
定　　价	698.00元（全六册）

编校印装质量、盗版监督服务电话　4006532017　0532-68068050